创业雷区
中国创业者的
前车之鉴

罗春秋 编著

中国铁道出版社有限公司
CHINA RAILWAY PUBLISHING HOUSE CO., LTD.

内 容 简 介

　　本书针对性地介绍了大众创业者在创业过程中可能会遇到的雷区，书中对创业雷区进行了全面的展示与分析，并且为创业者提供了专业的创业指导。

　　本书共9章，三大部分，以案例形式对创业雷区进行了全方位的讲解，帮助创业者从失败案例中吸取教训，学会如何降低和规避同类风险。无论你是创业"小白"还是企业管理者，或是希望通过学习本书获取更多创业知识的读者，相信通过对本书的学习，能够让你在创业过程中少走弯路，成功实现你的创业梦。

图书在版编目（CIP）数据

创业雷区：中国创业者的前车之鉴 / 罗春秋编著. —北京：

中国铁道出版社，2017.4（2022.1重印）

　ISBN 978-7-113-22816-3

　Ⅰ.①创… Ⅱ.①罗… Ⅲ.①创业–研究–中国 Ⅳ.①F249.214

中国版本图书馆CIP数据核字（2017）第020151号

书　　　名：创业雷区，中国创业者的前车之鉴
作　　　者：罗春秋

责任编辑：张亚慧　　　编辑部电话：（010）51873035　　　邮箱：lampard@vip.163.com
封面设计：MXK DESIGN STUDIO
责任印制：赵星辰

出版发行：中国铁道出版社有限公司（100054，北京市西城区右安门西街8号）
印　　刷：佳兴达印刷（天津）有限公司
版　　次：2017年4月第1版　2022年1月第2次印刷
开　　本：700 mm×1 000 mm　1/16　印张：16.5　字数：217千
书　　号：ISBN 978-7-113-22816-3
定　　价：45.00元

前　言

P　R　E　F　A　C　E

　　随着互联网技术和移动通信技术的发展，市场的经济形势良好，在政府政策的大力扶持下，创业浪潮逐渐升温。因为创业对人们来说，既能够解决就业问题，又能够实现自己当老板的梦想。因此，越来越多的人加入到了创业的大军中。

　　对于创业者而言，都希望像马云、比尔·盖茨那样取得轰轰烈烈的成功。但实际上，创业成功并非一蹴而就。创业如征战，只有少数人能够凯旋而归，而绝大多数创业者都惨败于沙场。归根结底，创业者缺乏对创业"雷区"的认识。

　　在创业的路上充满了"雷区"。而所谓创业"雷区"，就是指创业过程中容易走入的误区、陷阱或者诸多不利于创业的成功之处。而创业者可以通过借鉴前人创业过程中的失败案例并汲取教训，避开雷区，少走弯路，从而大大降低创业失败的风险。

　　所以本书是在这样的市场经济环境和前提条件下写成的，目的就是指导创业者在创业过程中及早避开"雷区"，提升感知"雷区"的能力，迅速找到扫除"雷区"的办法，尽量少犯错误，轻松实现创业梦。

本书包括 9 章内容，具体章节的内容如下。

◎ 第一部分：第 1~3 章

　　第一部分讲解创业前的准备工作，怎样寻找合伙人及如何抓住商机、抢占市场，帮助读者快速掌握创业前期的准备工作。

◎ 第二部分：第 4~6 章

　　第二部分介绍创业中期的重点工作，如商业计划书的撰写、融资的风险评估、企业的产品和售后服务等，其中重点讲解了创业融资风险评估和应付对策，有助于读者把握创业中期的重点工作。

◎ 第三部分：第 7~9 章

　　第三部分阐述了创业成熟期的管理工作，如创业所面对的各种风险、企业步入正轨后扩张带来的隐患及怎样实现科学的企业管理，帮助读者在循序渐进的阅读思路中巩固创业的成熟期工作。

　　本书语言生动，逻辑思维严谨，知识讲解全面深入，案例丰富多样，采用了理论知识与案例相结合的叙述方式，减少阅读的枯燥性和乏味性。本书的读者群定位于初创业者、企业管理者和想要学习更多关于创业知识的社会人士。另外，本书也适合于想要深入研究创业知识的专业人士。

　　最后，希望所有读者都能够从本书中获益，在实际的创业过程中及时避开和扫除"雷区"，实现自己的创业梦想。另外，由于创业环境的变化较快，加之时间仓促，编者能力有限，对于书中内容不完善的地方，希望读者批评指正。

编　者
2016 年 12 月

目 录

C O N T E N T S

01 LESSON 创业，你真的准备好了吗

创业是指发现商机并且加以实际行动转化为具体的行动，最终获得商业利益，实现人生价值。但是在创业之前需要进行一系列的准备工作，包括创业项目的台风口、创业者具备的素质、创业基础性条件以及创业模式。

02 LESSON　寻找中国好合伙人

合伙人是指在创业的过程中有时间、有精力、有能力和有资金，并能够起到积极辅助作用的人，并不是什么人都可以是创业的合伙人。创业者在创业过程中更是要谨慎选择合伙人。

为什么要寻找合伙人　/32

03
LESSON

抓住商机，抢占市场

创业者要想成功创业，一定要抢先抓住商机，这是成功创业的必要筹码，也是必要条件，当抓住商机后，才能先人一步抢占到市场，获得大量的优质资源，最终成功创业。

04
LESSON

商业计划书，创业的指挥官

商业计划书是企业为了达到招商、融资、上市或者是其他目标，严格按照一定的格式和内容而撰写的面向受众群体的书面整理资料，展示项目和企业目前的状况以及未来的发展潜力，进而实现企业发展的目的。

识别商业计划书的陷阱　/88

商业计划书的致命性错误　/101

05
LESSON

创业中期，企业如何融资

对创业者而言，能否快速、高效地筹集到资金是企业在竞争激烈的市场中站稳脚跟的关键，更是实现二次创业的动力源。

06 LESSON 产品，企业打开市场的利器

在市场经济高速发展的今天，企业间竞争日趋激烈。而产品是企业打开市场的利器，产品质量的高低是企业有没有核心竞争力的体现之一。所以，企业提高产品质量是保证市场占有率、维护企业形象的重要手段。

07
LESSON

防不胜防，创业风险控制

在创业过程中，风险始终贯穿着整个流程，从创业初期的项目选择到创业中期的融资，再到成熟期的企业管理。因此，创业者有准备地、理性地进行创业，对创业进程中风险问题进行分析，从而降低风险造成的损失。

08
LESSON

创业成熟期，小心扩张的后患

企业扩张是指企业在成长过程中规模由小到大、竞争能力由弱到强、经营管理制度和企业组织结构由低级到高级的动态发展过程。在扩张的过程中会存在各种隐患，因此，企业要分析、预测和控制扩张过程中的风险。

09
LESSON

科学管理，实现质的飞跃

企业管理是对企业的生产经营活动进行计划、组织、指挥、协调和控制等一系列职能的总称。企业管理增强企业运作效率，让企业有明确的发展方向，有助于形成企业的品牌效应，树立良好的企业形象。

LESSON 01
FROM THE FAILURE

创业，你真的准备好了吗

　　创业是指发现商机并且将想法转化为具体的行动，最终获得商业利益，实现人生价值。但是在创业之前需要进行一系列准备工作，包括创业项目的台风口、创业者具备的素质、创业基础性条件及创业模式等。而在这个初期阶段，就可能进入各种雷区之中。

台风口决定创业的成败

小米科技的创始人雷军曾说过一句广为流传的话——"站在台风口，猪都能飞起来"。这句话充分体现了小米手机在前有追兵、后有强敌的市场中脱颖而出的重要原因。关于创业，勤奋是远远不够的，想要获得成功，还必须找到能够让自己飞起来的"台风口"。所谓"台风口"，其实就是指跟上时代的发展趋势，找到最有潜力的市场，在对的时间做对的事情，顺势而为，一举成功。

创业要顺势而为

草船借箭是古典名著《三国演义》中非常出彩的桥段之一。周瑜让诸葛亮在十天内造出十万支箭，并立下军令状。但是诸葛亮借助东风的力量，在三天内成功向曹操"借到"二十万支箭，立下奇功。

相应地，在创业过程中，创业者也要善于借助"东风"，例如，市场的需求、平台的支持及政策的扶持等。

案例陈述　青年小伙创业为何无疾而终

　　小张是某高校市场营销专业的应届毕业生，目前，他有两条可供选择的路摆在面前。第一，选择考研，继续深造；第二，加入到求职大军的队伍中。但是，结合当前的市场经济趋势，小张经过一番深思熟虑后，毅然选择了第三条道路——自主创业。

　　小张的家乡在山东栖霞，当地盛产的红富士苹果个大、色泽鲜亮、果肉紧密且香甜多汁，因此，深受消费者的喜爱。

　　但是，由于当地的交通运输条件较差，且保鲜储存技术落后，而当地的果农都是以种植苹果为业，一到收获季节，市场上的苹果大面积"扎堆"，直接导致采购商狠压采购价。因此，很多果农不得不将苹果"贱卖"处理，有的甚至最终连成本都收不回来。

　　小张毕业回家乡后，希望通过在大学所学习的知识帮助果农改变这一现状。他认为，当地的苹果过多，但是采购商太少，这直接造成了供过于求的市场局面，进而导致苹果的价格过低。要提升苹果的价格，首先要吸引更多的采购商。

　　因此，小张与当地的果农协商：他负责帮助果农推广，而果农需要先交纳 1 000 元的推广金，每成交一笔订单，从中提取一定的提成。由于小张为人踏实，又是村里为数不多的大学生，当地的 20 多名果农都交纳了推广金。

　　小张筹集到了两万多元的创业资金，于是，他开始了创业的第一步。为了节省创业资金，他联系到了当地的一家小型的广告公司，铺天盖地地发布广告，包括街道、汽车公交站台、LED 广告位及高速路广告牌等。很快，两万多元的推广金耗尽，但是根本没有吸引到一个采购商，没有成交一笔订单。果农对小张失望至极，都认为他是在骗钱，纷纷要求退还推广金。

面对果农的质疑和嘲讽，小张百口莫辩，他百思不得其解，明明在前期都跑遍了大街小巷进行广告推广，但是为何没有半点成效？最终，还欠了两万多元的债。

雷区分析　不合适的推广平台

为何小张顺利筹集到了创业资金，在创业中也投入了大量的精力，但是最终却失败了呢？总体而言，是由于小张单纯地为了节省钱而选择了影响力较小的推广渠道，推广渠道传统而落后，并且推广区域有限，广告的受众面窄，这就直接影响了后期的推广效果。尽管小张在广告推广过程中付出了大量的精力，但是毕竟个人力量薄弱，最终导致失败。

在"互联网＋"时代，创业者选择创业平台是十分重要的环节，选择有影响力的平台能够提升创业成功的概率。相反地，选择影响力较小的平台，消耗大量创业资金的同时，成效却微乎其微。

目前而言，创业者创业时所选择的平台主要有以下两类。

（1）互联网型创业平台

在互联网技术高速发展的背景下，创业平台的选择标准也在发生改变，逐渐由传统的线下创业平台转变为线上创业平台，即互联网型创业平台。那么，创业者在选择互联网型创业平台时需要考虑哪些因素呢？

◆ 平台的影响力。

◆ 平台的门槛。

◆ 平台的推广渠道和方式。

◆ 平台的收费标准。

◆ 平台是否存在其他隐形费用？

◆ 平台是否有创业方面的扶持？

◆ 其他用户对平台的口碑和印象。

随着电子商务的发展，在国内诞生了许多互联网型创业平台，其中以"淘宝网"为代表。淘宝网是亚太地区目前最大的网络零售平台，由阿里巴巴集团于 2003 年 5 月创立。至今，淘宝网拥有超过 5 亿注册用户，日均活跃用户超过 1.2 亿，日均固定访客超过 8 000 万人，每天在线销售商品超过 8 亿件，平均每分钟成交 5 万件商品。如图 1-1 所示是淘宝网首页。

图 1-1 淘宝网首页

截至 2016 年上半年，C2C 市场中淘宝网的市场占比约为 95%。随着用户数的增加和平台规模的扩大，淘宝网也从单一的 C2C 网络集市发展成为集 C2C、团购、分销和拍卖等多种电子商务模式于一体的综合性零售商圈，成为全球范围内最大的电子商务交易平台之一。因此，淘宝网是创业者首选的互联网型创业平台。

（2）线下创业平台

尽管互联网型创业平台已经发展成为创业者的首选，但是这并不代表线下的创业平台毫无用武之地。那么，普通创业者该怎么选择线下创业平台呢？

◆ 平台的业务覆盖面是否广泛？

◆ 平台的合作模式。

◆ 平台的收费标准。

◆ 平台的团队背景。

◆ 平台的成功案例以及合作过的客户。

通过以上两种类型的创业平台分析和对比，不难发现，互联网型创业平台的创业者多，同行竞争压力大，且平台门槛较高，对创业者的经验和技能要求较高；而线下创业平台则属于"草根"型平台，竞争小、门槛低，对创业者要求较低。互联网型创业平台适合于有经验的、资金充足的创业者，而线下创业平台则更适合普通创业者。

时事政策造英雄

在创业的过程中，创业者需要挖掘潜在的商机和市场，还需要密切关注时事政策，尤其是政府颁布的扶持个人或者是中小企业创业的政策，最后要正确、合理地利用各项创业政策，例如融资服务、场地扶持、税费减免以及创业培训等。

在2015年3月5日的第十二届全国人大三次会议上，李克强总理在政府工作报告中首次提出"互联网＋"行动计划，通过制订"互联网＋"行动计划，推动互联网、云计算、大数据和物联网等高新技术与现代制造业的结合，促进电子商务、工业互联网和金融互联网的健康发展。

案例陈述　最初的业界精英，最终的失败者

小王是某大型电子企业市场部门的营销总监，经过多年在职场中的摸爬滚打，他累积了丰富的人脉资源和创业原始资本。鉴于此，小王向公司递交了辞呈，准备自己干一番轰轰烈烈的大事业。

他充分分析了当前的市场需求和饱和度，并发现，电子行业的产品类目多，但是同质化现象严重，产品缺乏新意。而用户对于具有创新力的产品需求度较高，所以，这也是该行业的巨大缺口。因此，小王决定进军电子行业，立足于高端创新型电子产品的研发和生产。

由于前期人际关系资源的积累，小王很快组建了自己的创业团队，包括市场部、生产部、技术部、营销部和售后部。由于公司产品的定位是高端创新市场，为了确保商业模式不被其他公司抄袭和剽窃，公司要求每位员工都签订保密协议，严格控制各部门之间的交流，减少公司与其他公司的交流和学习，完全忽略了时事政策。

市场部负责产品研发的市场调查，将调查结果以书面形式传达给技术部；技术部则按照市场部的调查报告策划、组织和指导生产部从事生产活动；售后部和市场部联合负责产品的上市推广、营销和售后处理。

经过半年多的研发和生产，公司的第一批有线导航耳机终于问世。但是投放到市场后却反响平平。小王认为是很多消费者对这种模式的耳机的接受程度不高，于是，市场部投入了 10 万元的宣传费进行广告宣传，但是产品仍然无法打入市场。

这下小王急了，召集各部门的主管开会，决定深入调查

产品滞销的原因。后经市场部一个多月的实地市场调研，最终找到了原因。

原来，耳机导航确实是创新型的电子产品，市场的需求量较大，尤其是车载导航耳机。但是市场更倾向于无线导航耳机，且这种产品早在几个月前就已被某家同行公司生产出来了，由于消费者对此类产品的需求量大，公司经过大批量生产，已经成功抢占了 90% 的市场份额，成为无线导航耳机的主力生产商。

在了解了原因之后，小王悔恨不已，但是公司的创业资金所剩不多，正准备宣布解散团队的时候，小王的朋友提醒他，国家的政策对于创业企业有资金扶持。小王向当地政府申请项目创业资金贷款，但是政府经过严格的审核后拒绝了他的贷款申请，因为"无线导航耳机"项目的专利已经被其他企业申请了。

雷区分析　闭门造车，出门不合辙

小王拥有大量的人际关系资源，成功组建了团队，且拥有一定的创业资金，但是创业却以失败告终。经过分析，可以得出小王创业失败的原因：闭门造车，导致出门不合辙。

首先，小王发现了市场的巨大商机，但是他却拒绝与外界交流，导致最终生产的产品不符合市场需求，被市场所淘汰；其次，不关注时事政策，如果小王抢先申请了无线导航耳机的专利，那么，他就会获得政府的创业资金支持。

当政府提出"互联网＋"这个全新的主题时，也就代表着政府会出台相关的政策引导大众创业，因此，创业者只需要借助政策这股"东风"，便可既能减轻创业负担，又能提升创业的成功概率。

在现阶段的创业过程中，创业政策主要体现在以下 5 个方面。

◆ **融资服务政策**：由劳动保障部门担保政策，包括小企业基金专项贷款、中小企业担保基金专项贷款、中小企业贷款信用担保、开业贷款担保和大学生科技创业基金等。政策优惠主要涉及创业贷款、担保及贴息等。

◆ **场地的扶持政策**：重点有两方面的政策，一是都市型工业园区的政策；二是开业园区的房租补贴政策。其中，在开业园区之内，除了房租补贴之外，还有一些相关的配套指导服务，如提供代理记账、专家指导和贷款直接申请的渠道等。

◆ **税费减免的扶持政策**：主要集中在 4 个方面：商贸型、服务型企业的优惠政策；高校毕业生创业方面的税收优惠政策；失业、协保人员和农村富余劳动力从事个体经营的优惠政策；劳动就业服务。

◆ **开业专家指导的政策**：各行业专家组成的公益性专家志愿团，为创业者提供个性化的指导服务，包括一对一的咨询服务、专家团会诊、开业讲座服务和网上咨询指导服务等。

◆ **鼓励科技型创业的政策**：主要包括大学生科技创业基金政策、科技型中小企业创业基金政策和高新技术成果转化相关政策等。高校毕业生以科研成果或者专利发明创办企业的，就可申请享受这一政策。高新技术成果转化相关政策包括立项、注册登记、税费减免、贷款扶持和风险投资。

创业者必备的素质

在全民创业时代，创业潮席卷全国，创业群体迅速增长。根据调查统计机构专业的数据显示，近年来，我国新登记企业出现了"井喷式"增长，从 2011 年的 200 万户增加到 2015 年的 475 万户，年均增长 22.3%。但是实际上，很多创业者根本没弄清楚自己的创业动机是什么，自己是谁，自己想做什么，自己适合做什么，自己拥有哪些资源。这些问题都是创业者必须考虑的内容。因此，每个创业者在创业之前都需要对自身的素质进行审视，弄清楚什么样的人才适合创业，自身的优势和劣势分别有哪些等。

敏锐的商机感知能力

李嘉诚说："互联网是一个新的商机，每一次新商机的到来，都会造就一批富翁，造就他们的原因是，当别人不理解他在做什么的时候，他理解他自己在做什么。当别人不明白他在做什么的时候，他已经明白他自己在做什么了。当别人明白了，他富有了，他成功了。"

商机，即商业经营的机遇。商机无论大小，都会产生一定的经济效益。而具备敏锐的商机感知能力的创业者往往更能抓住机会，最终创业成功。

案例陈述　蚕农为何痛失商机

洪泽县地处中国大陆东部，是江苏省淮安市的下辖县，西依中国五大淡水湖之一洪泽湖，东临白马湖，南挽淮河入江水道，北濒苏北灌溉总渠和入海水道。这里的气候温暖，全年无霜期长达 200 多天，一年可采桑 3 次，全年至少可以养殖两次春蚕和秋蚕，洪泽县凭借得天独厚的地理位置成为我国重要的蚕丝供给地之一。

老贾作为洪泽县的蚕农，家中世代以养蚕为业。现如今，由于农村的劳动力大量外流，部分桑园和蚕房已经废弃闲置，老贾粗略地计算了一下成本，这部分闲置的蚕房大概 800 平方米，如果修建同等规模的蚕房，至少需要投入 20 万元。而租赁蚕房每年只需要支付 6 000 元的租金。因此，老贾将这部分闲置的资源充分利用起来，搞起了大规模的养殖，一跃成为当地最大的养蚕商。

在尝到了甜头之后，老贾为了提升工作效率，采购了大量的切桑机、机器喷雾器和电动清扫器，将纯手工的生产变成了半自动化的生产。每到养蚕的忙季，老贾会雇用当地的村民帮忙，一起进行采桑叶、喂蚕、收茧和清洁等工作，最后按照劳作的天数支付酬劳。

至 2014 年年底，老贾养蚕的年收入已经突破 50 万元。这对于一个世代以养蚕为业的小乡村而言，已经算得上成功的典范了。

但是好景不长，当地的蚕农看到了老贾的成功，也开始纷纷效仿他的做法，抢占当地其他的闲置蚕房，并且也购买了一系列的养蚕工具。由于蚕农哄抢蚕房，最后导致在短短的时间内蚕房的租金飙升，从每月 500 元涨到 3 000 元。老贾一下子慌了手脚，由于大量购置了养蚕需要的工具和设备，手中所剩下的资金不多，为了继续租赁原有的蚕房，他不得不预支 36 000 元房租。

由于当地的蚕农都开始大规模地养殖，在养蚕的忙季，老贾根本雇不到人帮忙，他只得请亲戚朋友帮忙，苦苦撑了一年，在 2015 年，由于蚕房的租金到期，房东收回蚕房，老贾不得不忍痛放弃辛苦创建的蚕房基地，而自己的创业之路也就此告终。

雷区分析 缺乏商机感知能力必败

老贾作为农民创业的典范，能够从现有的市场中发掘到有利于创业的条件，通过廉价租赁闲置蚕房来扩大生产规模，节省了大量的创业资金。但是由于缺乏敏锐的商机感知能力导致创业失败。

当蚕农纷纷效仿老贾的做法时，老贾没有意识到新的商机已经产生了，一是蚕房租金暴涨；二是养蚕工具供不应求。如果老贾具有敏锐的商机感知能力，首先，就应该避免和蚕农"正面交锋"，适当减小蚕的养殖规模，将一部分蚕房以高价出租给其他的蚕农；其次，销售养蚕工具，因为该阶段蚕农对工具的需求量非常大，这也是一个绝佳的商机。因此，从老贾的创业经历中可以得到如下的经验。

（1）市场竞争力的分析

市场竞争是指市场经济中同类经济行为主体采取一定的手段增强自身的实力，排斥同类经济行为主体，最终维持自身利益的表现。通常情况下，市场竞争的主要内容包括：

◆ 商品质量的竞争力。

◆ 创业者素质能力的竞争力。

◆ 创业者服务质量的竞争力。

◆ 创业者获取信息的能力。

◆ 商品的价格竞争力。

◆ 创业者的信誉竞争力。

（2）发现并转化新商机

商机并不会一直存在，当大多数创业者都"扎堆"在同一个创业项目中的时候，行业的竞争就会变得非常激烈。因此，在这一阶段中，创业者还需要具备发现并转化新商机的能力，主要有以下 3 个方面。

◆ **产品导向**：是传统的制造业模式。创业者最先关注的是企业能够生产的产品，这里所指的商品并不单指实物产品，也包括一系列的无形服务，如服务、价格竞争、卖点和渠道等。

◆ **市场导向**：是分析消费市场对同类产品的反馈数据，从而对市场形成整体的认知，明确消费者的具体需求。

◆ **用户导向**：相对于市场导向而言，用户导向更加倾向于第三人称的思维，即站在用户的立场去研发产品，从传统的"用户说他需要 A 产品，所以我们只生产 A 产品"演变成"我们主动发现用户需要 A 产品，所以我们研发和提供 A 产品"。

切勿盲目创业

由于政策、市场经济形势和行业竞争等多种因素的存在，使得创业具有一定的风险性，因此，创业者需要明确自己的创业动机，切勿盲目创业，否则，最后很可能会落得鸡飞蛋打的下场。

案例陈述　他也学马云创业，为何失败了

老马是电商讲师，工作是为淘宝中小卖家讲解网店的日常运营和维护，将制作好的视频发布在淘宝大学平台上。老马凭借多年的网店运营经验，深谙网店流量获取、淘宝活动报名流程、物流的选择以及客户关系的维护等多方面的知识，因此，老马的课程深受众多淘宝卖家的欢迎。连续3次被评为淘宝大学最受欢迎的电商讲师。

眼前的成功冲昏了老马的头脑，使他单纯地认为自己也可以像马云一样，再创一个淘宝帝国。因此，老马以100万元资金向自己的东家——淘宝发出了挑战。

老马带着自己的人员成立了一个工作室，创业的第一步就是创建一个大型的电子商务网站，而老马不懂如何建站，他只好将建站的工作外包给其他公司，3个月后，一个网站终于建成了。老马满心以为创业从此就开始步入了正轨。

由于网站是新成立的，根本没注册用户，更别提吸引到卖家入驻了。为了吸引注册用户，老马花了大量的资金在各大搜索引擎进行付费推广。平均每天的推广费用高达8000元，但是网站的注册用户仍然非常少。

老马认为是推广力度不够，于是继续加大线上的竞价推广。在此期间，公司财务提醒他："公司的资金流已经比较

紧张了，需要适当控制线上推广的支出。"但是老马充耳不闻，执意往搜索引擎的竞价中投钱。

在创业的第 5 个月，财务人员向他汇报了公司的财务情况之后并提交了辞呈。老马看了财务报表，瞬间慌了，在短短几个月之内，百万元的创业资金几乎殆尽，且许多的项目甚至还没来得及启动。

财务人员离职后，其他的创业成员勉强挨过一段时间的打拼，由于看不到希望，也纷纷离开了老马。老马顿时手足无措，面对如此庞大的创业计划，即使是大罗神仙，也无法扭转局面了。在创业的第 5 个月的月底，老马关闭了网站，结束了自己的创业之路。

雷区分析　盲目的创业动机

老马之所以会想再创一个淘宝帝国的神话，归根结底在于创业动机盲目，没看清电子商务行业的大趋势。马云于 1999 年创建阿里巴巴，那时电子商务才开始起步，行业的竞争小，淘宝网一举击败了 eBay，成为国内最大的 B2C 网站。之后凭借十多年的运营经验，淘宝牢牢霸占了电商行业的龙头地位。而老马仅是拥有一定的网店运营经验，势单力薄，最后落得失败收尾的局面也是意料之中的事。因此，创业者在创业过程中第一件事就是明确创业动机。

（1）为了生存而创业

生存是人类的第一需求。而一部分人就是为了生存而创业，例如，下岗工人和失去田地的农民。这个创业群体为了自身的生存，往往更具有吃苦耐劳的精神，但是缺乏创业经验、资金和人际关系，很容易在创业过程中走弯路。

（2）为了利益而创业

有一类人，他们认为朝九晚五的上班生活，每月拿着固定的工资，很难"脱贫"，并且背负着房贷和车贷，他们往往会向往创业成功人士的光辉事迹，最后，也会加入到创业大军中。这类创业者的创业动机非常明确，且在之前的工作中积累了一定的人际关系，创业成功的概率相对较大。

（3）实现理想而创业

当人积累了一定的财富、阅历和人际关系时，往往会萌发干一番轰轰烈烈的事业的想法，而创业往往会成为首选。这类创业者具备的创业素质较高，不用担心创业失败的风险，且可以充分利用自己积累的人际关系。因此，这类人的创业成功概率是最高的，但是在现实生活中，这类创业群体的占比较小。

稳扎稳打，步步为"赢"

创业者在创业取得初期的成功后，最好不要盲目扩张。因为初期的阶段性胜利不能代表企业已经完全具备大肆扩张的能力，疯狂扩张往往会造成局面失控，最终影响创业的进程。因此，创业者还需要具备谨慎性格，不能盲目扩张。

案例陈述　母婴品牌领导者的陨落

1993 年，3 个独具慧眼的宝妈创建了一个名叫"红孩儿"的服饰店。由于在 20 世纪 90 年代，正值独生子女政策执行最严厉的阶段。许多家庭都只有一个孩子。自然而然，家庭的重心都集中到了孩子身上。

3 个宝妈集资 6 000 元创办了一家婴幼儿服饰店，地址选在繁华的商业街，刚开业的第一个月，就盈利了 1 万元。3 位宝妈经过"股东大会"后一致决定再开两家分店，每个人负责一个店面，在年底按照店面的盈利额进行分红。

很快，第二家分店和第三家分店成立了。由于市场的竞争不激烈，两家分店也经营得红红火火。在年底，3 家分店的营业额高达 50 万元，净盈利 30 万元。3 位宝妈的身份也发生了变化，从最初赋闲在家里的宝妈变成了女老板。面对如此高的利润，3 位创始人决定继续扩张市场来提升销售额。

在 1994 年，"红孩儿"服饰店开启了疯狂扩张模式，在短短的半年中就扩张到 50 家。在 1994 年年底，销售总额为 196 万元，增长 74.5%，门店数增长了 53%，营业面积增长了 62%，但是净盈利仅为 20 万元。

在人均营业面积增加的情况下，年均交易次数由 467 次增加到 580 次，服饰品种从每平方米平均 6 件增加到 12 件，但从经营结果看，年人均劳效和年平均地效却分别下降了 0.87 万元和 0.36 万元，平均的客单价也由 35.49 元下降到 23.01 元，抵消了客流增加带来的效益。

面对如此的惨淡经营，3 位创始人再次召开"股东大会"，如果继续经营 50 多家分店，那就意味着在开年就必须预付 30 多万元的房租，支付 200 多名员工的工资，且"红孩儿"的品牌效应不一定能够得到维护和巩固。最终，3 位创始人决定先暂停营业 50 多家分店，只保留 3 家，每人负责一个店面。

在 1995 年伊始，"红孩儿"再战母婴市场时，却发现市场发生了翻天覆地的变化，市场出现了多个母婴服饰品牌，打破了"红孩儿"一家独大的局面。由于资金的紧缺，"红孩儿"不得不关闭其他两家分店，集中精力运营总店。

但是之前的疯狂扩张为"红孩儿"品牌埋下"地雷"，消费者对该品牌的印象非常差，在重新开业后，经营状况非常糟糕。在1995年5月，3位宝妈关闭了"红孩儿"总店，也就意味着曾经的母婴品牌的巨头走到了尽头。

雷区分析　创业要防范疯狂扩张后的"地雷"

3位宝妈抓住了商机，开创了母婴行业的品牌，在创业初期取得了成功，但是却忽略了扩张后的管理，导致在扩张分店后存在大量的问题，例如，部分店面的选址较偏僻、客流量非常少、月销售额低，出现了入不敷出的局面。另外，招聘了大量的店员，但是没有经过专业的培训，且店员的教育背景参差不齐，容易和顾客发生冲突，影响"红孩儿"品牌和形象。

（1）忌讳盲目扩张

对于创业者而言，在初期取得成功后切忌盲目扩张，提升业绩固然重要，但是还需要正确评估市场的形式，尤其是市场的竞争力。因为企业在扩张后，往往会被分散管理能力，如果缺乏专业的管理能力和经验，往往会失去对分店的管理控制力，最终造成鞭长莫及的局面。

（2）财务管理，资金到位

在生活中，巧妇难为无米之炊；同理，对于企业扩张而言，如果缺乏充足的资金支持，也只能是无源之水、无本之木。企业在扩张的同时也会对资金的规模和结构产生新的需求，如果达不到要求，就会出现高负债、短贷长投的现象，一旦出现资金链断裂的情况，企业就会陷入严重的经济危机中。

创业的基础性条件

　　创业条件是指营销创业成功发展的因素，从战略上来讲，创业条件分为社会条件和自然条件。社会条件是指创业者当前所处的社会环境，例如，政策、经济环境和人际关系；而自然条件则侧重于创业者自身的生存环境和能力。这两种基础性的条件在很大程度上决定了创业的成败。

完善实体店

　　在"互联网＋"浪潮的推动下，市场的竞争加剧，许多传统公司纷纷开始转型，但是有的传统公司只是跟风"转型"，他们单纯地认为转型就是关闭线下的实体店，将公司的业务全部转移到互联网。因此，他们对市场的形式分析缺乏正确的认识，也没有制定明确的企业转型目标和发展战略，头脑一热就开始转战互联网市场。换言之，这种做法完全就是切断了企业生存的"后路"，最终很可能落得人财两空的下场。

案例陈述　风靡一时的美甲公司惨遭收购

　　小娜是一个追求时尚的美女，她经营着一家名叫"爱美甲"的美甲店，由于店里的美甲师技艺高超，收费合理，且待人和蔼，因此，店里生意还不错。但是店铺位置有点偏僻，导致很多顾客不容易找到店铺。而小娜出生在商人世家，自幼就具有经商的头脑。为此，她萌生了"搬家"的念头，决定将店面搬迁到更繁华的地段。

　　小娜做起事来毫无含糊，经过考察后她发现，在市区有很多的写字楼，大量年轻时尚的白领正是她的客户群，而写字楼的对面是一家大型的购物商场，在休息时间和节假日，购物商场的客流量非常大。因此，她决定在商场租一间铺面作为创业基地。

　　一个月过后，铺面装修完成，在一个周末店铺正式开张，由于铺面位置好，美甲师的服务好，即使是价格偏贵，"爱美甲"店里也是门庭若市，甚至有时还需要提前预约。

　　"搬家"的当月店铺的营业额增加了 33.86%，净盈利达到 4 万元；年底，"爱美甲"已经租下了商城的一整层楼盘，招聘了 30 名专业的美甲师；两年后，"爱美甲"的服务业务从最初的美甲拓展到造型设计、礼仪培训和健身指导。小娜为了保护自己的创业成果，在工商局进行了工商注册，成立了"××美甲信息有限公司"。

　　从一个小小的店主晋升为公司的总经理，为了更好地管理公司，小娜经常会参加各种培训和商会。她在一次商友创业交流会议上接触到了最火的 O2O 营销理念，主讲人是一个餐饮企业的创始人，公司最初只是传统的线下实体店，借助"互联网＋"的力量，成功转型成为互联网企业。

小娜在参会后不禁陷入了思考中，最后她决定将公司转型为互联网企业。在关闭实体店后，小娜创建了一个美甲网站，为用户提供上门服务，由于客户在不同的区域，美甲师需要准时到达客户所在地，虽然服务的客户数量少，但工作强度非常大，公司的美甲师纷纷辞职。

小娜顿时慌了，为了留住员工，想要重返商城创业，但是商城招商负责人表示，已经有其他品牌商和商城签订了 3 年的租赁合同。

噩耗接踵而至，同行一家企业看中了"爱美甲"积累的客户群体，通过一定的手段收购了"××美甲信息有限公司"。最终，小娜的创业以失败告终。

雷区分析　部分企业离不开实体店

小娜作为美甲店的小店主，一手创立了"××美甲信息有限公司"，但是由于缺乏对实体店和互联网行业的认知，致使她盲目关闭了实体店，毫无经验地就开始转型互联网领域，在"前有强敌，后无退路"的环境下，最终落得被同行收购的下场。

（1）实体店并非一无是处

在互联网技术的冲击下，实体店的发展相对比较缓慢，但是这并不意味着实体店已经穷途末路。因为互联网商城也是以实体店为依托，只是改变了传统的营销模式。对于很大一部分企业而言，实体店才是最佳的创业场所，尤其是服务类、生活类和高端奢侈品类的行业。实体店是创业的基石，只有稳固的地基才能建设万丈高楼。如果创业者还没透彻地了解行业的本质就否认实体店，最终只会以失败告终。

（2）实体店消费终端的维护

维护实体店的消费终端的意义深远，更加有利于推动市场营销活动，更加贴近消费者需求。通过不断加大对终端消费者的开拓力度，扩大企业在终端消费者中的影响力，来提升品牌在市场中的影响力，在消费市场逐步完成品牌布局的战略规划，提高消费者的服务体验。

经验是无形的资产

在众多创业成功的案例中，有很多创业者是白手起家的，但是更多的创业者也是有一定经验的。对于创业者而言，经验是一笔无形的资产，能够指导创业者在创业过程中快速决策，抓住商机，最终取得成功。

案例陈述 "全城第一店"的关店潮

"时记串串香"（以下简称"时记"）是成都本土的一家著名的餐饮店，成立于 2009 年，在短短两年间迅速发展成为成都具有代表性的餐饮店之一，曾被誉为"全城第一店"。面对纷繁复杂的市场环境，"时记"一贯坚持"诚信做人、良心做事"的创业原则，依然保持着"全城第一店"的名誉。直到有一天，"时记"迎来了一个彻底改变命运的客人。

当时"时记"已经打烊，一位客人仍然未离开。时记大当家时明上前委婉说明店铺的打烊时间，客人对着时明说："你想不想让你的店在 3 个月后实现盈利百万元。"

时明一听，立刻来了兴趣。原来这位看似普通的客人实际上是 VC，最近在成都考察项目，由于看中时记的影响力，决定对时记进行投资。

时明为了快速将"时记"的品牌推向全国，将单一的自营式改为加盟店，于是接受了 VC 的投资，发布加盟信息。全国各地的加盟商主动报名，但是时明对加盟商来者不拒，短时间内"时记"的加盟商数量突破 1 000 家。

但是问题也随之而来，由于时明缺乏管理经验，根本没有能力管理全国的加盟店，致使加盟店经常出现各种问题，严重影响了"时记"品牌的声誉，且部分加盟店长期处于亏损状态，需要投入大量的人力、物力和财力的扶持。半年后，时明获得的投资很快耗尽，面对如此大的压力，他不得不关闭了全国的加盟店，"全城第一店"关门潮就此拉开了序幕。

雷区分析　没有实战经验切勿轻举妄动

时明原来只是经营一家店，并不具备管理众多加盟店的能力和经验，尽管获得了风险投资，但是不代表就能一定成功。这个案例启示我们，如果贸然进入自己不熟悉的领域，最终很可能会以失败告终。

在创业过程中，应重视经验的作用，灵活运用，主要有以下两个方面。

（1）经验是宝贵的资产

经验是创业中的宝贵资产，能够为创业提供更多的指导性意见，因此，创业者需要积累大量的经验，其方法如下。

◆ 扩大自己的社交圈，结交志同道合的人士。
◆ 借鉴成功人士的经验，灵活地运用到自己的创业过程中。
◆ 创业要制订完善的计划，做事有始有终，善于总结和分析问题。

（2）灵活运用积累的经验

经验是多次实践得到的知识或者技能，但并不意味着以往的经验都是百分之百的精准，因此，创业者需要灵活运用经验进行决策，尤其是结合当前的市场变化趋势，绝不能按图索骥，不懂变通。

这些商业模式不可取

商业模式是指企业为了实现客户价值最大化，将企业运行的内外要素整合起来，形成一个完整、高效且具有核心竞争力的运行体系，通过最优实现形式满足客户需求，实现客户价值。商业模式作为企业存在的最基本要素，至今已经成为创业者最关注的问题之一。好的商业模式是创业成功的保障，那么，创业者该如何选择商业模式呢？

核实加盟信息的真实性

在互联网信息爆炸时代，市场中充斥着各类虚假创业信息，因此，创业者在创业过程中一定要学会鉴别信息的真实度。对于那些想要一夜暴富的创业者，很容易就会掉到陷阱里，等到大梦初醒才幡然醒悟：创业还是必须要脚踏实地才行。近几年，创业的发展态势异常凶猛，选择加盟形式来创业为创业者提供了一条捷径，但是连锁加盟真的是一本万利吗？什么样的品牌不能加盟？加盟过程中需要注意什么呢？

案例陈述　青年夫妇加盟咖啡店被骗得身无分文

　　林氏夫妇为了维持生计，离开家乡甘肃，南下广州务工，两人在外省吃俭用，几年后，存了 8 万元。由于外出务工人员的数量众多，工作都不稳定，因此，林氏夫妇决定自主创业。

　　但是鉴于没有任何创业经验，且创业资金有限，所以，创业的想法也只能暂时搁浅。一天，林氏夫妇在上网的时候被一条创业加盟广告吸引了注意力。

　　"5 000 元就能实现你的创业梦"，硕大的广告信息出现在眼前，出于好奇，他们点击链接查看了内容。林氏夫妇了解到：这是一个咖啡店的加盟信息，创业者只需要缴纳 5 000 元的创业基金，就能够获得加盟的资格，总部会负责咖啡店的选址、装修以及推广费用，在创业前期，总部也会对每个加盟商进行专业的培训。但是加盟名额有限，仅限前 10 名。

　　林氏夫妇在看完广告后，抑制不住内心的激动，连忙打电话过去咨询是否还有名额。对方回复说只剩下一个名额，劝林氏夫妇赶紧报名。于是，林氏夫妇赶紧向对方的账户汇款 5 000 元，满心以为能够开始创业了。

　　但是没想到过了几天，林氏夫妇接到对方的电话，声称由于创业加盟名额已满，他们的报名无效，还需要追加 5 000 元才能报名。创业心切的林氏夫妇又毫不犹豫地向对方账户汇款 5 000 元。

　　3 天过后，对方打电话告诉林氏夫妇，报名已经成功，总部已经开始为他们的咖啡店选址，所选的地段是黄金地段，还需要增加 2 万元的竞标费。林氏夫妇有点犹豫了，2 万元对于他们来说，需要省吃俭用很久才能存够。但是对方却说在黄金地段开店，一个月的营业额能够高达 100 万元。禁不住诱惑的林氏夫妇再次汇款 2 万元。

果然，第二天，对方将咖啡店的选址图片通过 QQ 传给了林氏夫妇，咖啡店的选址是天河区的天河体育中心，林氏夫妇在看后非常满意。但是对方再次提出汇款要求，因为有多个加盟商都在争取该店，出价者最高的加盟商才能优先获得选址的资格。林氏夫妇不想放弃，继续汇款 3 万元。

过了一周，对方打电话告诉林氏夫妇，店铺已经开始装修，预计一个月后就可以正式开业了。在正式开业之前，总部会对加盟商进行专业培训，加盟商需要缴纳 2 万元培训费。一想到自己的创业梦想马上就要实现，林氏夫妇再次汇款 2 万元。

但是过了一个月，林氏夫妇没有接到任何开业的培训通知，连忙打电话过去咨询，发现所拨打的号码已经成为空号，QQ 也被对方拉黑了。林氏夫妇才醒悟过来自己上当受骗了，只得赶紧报警。

雷区分析　涉及金钱交易务必要确保信息的真实性

青年夫妇加盟咖啡店，但结果被骗光所有的积蓄，归根结底，在于林氏夫妇创业心切，想要短时间内暴富，进而走入了骗子精心设置的"连环套"。

（1）真正意义上的加盟

加盟是指加入到某一商业品牌，成为该商业品牌的一员。总公司与加盟店两者之间是持续契约的关系。根据规定，总公司必须提供一项商业特权，并涵盖人员培训、组织结构、经营管理和商品供销等多方面的无条件协助；而加盟店也会获得相应的回报。

一个好的品牌加盟商其总部会形成完善的经营管理理念，包括产品的开发、管理、商圈经营能力和广告宣传能力，这也是创业者选择加盟店的考核标准之一。

（2）加盟的优缺点

加盟特许经营的形式很多，根据出资比例与经营方式大概可以分为自愿加盟、委托加盟与特许加盟等。对于创业者而言，加盟店创业具有很大的优势，具体如下。

◆ **降低创业风险**：加盟可以降低失败风险，因为加盟总部都有一定的开店管理机制，可以把经营模式复制给加盟商，成功的概率自然就会高一些。若没有选择加盟，除非创业者本身对行业已经很熟悉，否则就需要慢慢地摸索和尝试，而尝试的过程往往会伴随着错误（成本），所以，个人创业失败的概率跟加盟比起来会比较高。

◆ **拥有品牌的知名度**：创业者在选择某品牌的连锁加盟后，就能够充分利用它的招牌优势，无须过多的宣传和推广，就能够吸引到消费者，达到事半功倍的效果。

◆ **后勤支持辅导及商品开发由总部来负责**：由总部提供后勤服务与商品给加盟店，而加盟店只要负责店务操作及店面管理即可。如果是自主创业的话，创业者需要负责管理店面、营销、促销、研发和维护客户关系等，可能分身乏术而无法做得像预期那么好。特别是连锁加盟店的商品往往会不断地推陈出新，且能够轻松掌握市场的第一手信息。

创业者在享受加盟店创业带来的好处的同时，也需要考虑到加盟店的缺点，具体如下所示。

◆ **受到总部的规范和限制**：由于总部会对各大加盟商制定一系列的规则，通过控制管理让每一家加盟店制式化和标准化。因此，加盟店创业的自由度相对较低。换言之，加盟商必须按照总部的规划来做，不能有太多的自主意识。

◆ **支付加盟费用**：总部将品牌授权、把管理模式和管理机制移转给加盟店，且帮助加盟店做很多的后勤支持辅导，因此，总部会收取一定的加盟费用，包括加盟金、权利金和保证金等。

"烧钱"的商业模式不可取：衡量投资与收益

创业是一门技术活，创业投资又被称为"风险投资"，创业投资的目的就是为了开发新产品和新技术，但是投资对象往往都是高风险、高收益的。因此，创业者需要主动承担可能出现的风险，衡量投资与收益之间的关系。

案例陈述　二手车网站身陷"烧钱"困局

　　　　王坷是某二手车连锁店华南地区的销售经理，常年从事二手车的销售业务，多年的工作经验使得他能够应付各种各样的客户。公司只要出现"难搞"的客户，他出马一定能够成功，因此，王坷积累了丰富的客户资源，开展业务都非常顺利。

　　　　某一次，跟一个外资客户谈业务，酒过三巡，客户问他："你拥有这么丰富的资源，为何还在帮别人打工？自己当自己的老板，我帮你介绍客户。"这句话像是一剂猛药，一下子就点醒了他。

但是王珂考虑到现阶段的二手车市场行情，由于市场竞争比较激烈，各大连锁企业正在抢占市场资源。如果自主创业的话，很容易被大企业打败，因此，王珂决定采用"迂回战术"来创业。

王珂找到 3 个大客户，把自主创业的想法跟他们说了，并说服他们成为投资人。由于多年的生意交集，客户了解王珂的为人和做事风格，同意向他的创业项目投资。

首轮融资 1 000 万元，由王珂创建的二手车网站——"e 买车"就这样诞生了。其主要业务是个人车主将车辆信息发布到平台上，网站平台对信息进行审核，审核通过后将信息公布在网站上，买家可以直接在网站上购买。每成交一笔订单，网站收取买卖双方一定比例的平台服务费。

在前期，"e 买车"为了吸引用户注册，进行了铺天盖地的宣传，效果立竿见影，在一个月后，网站的注册用户就突破 50 万大关，但是网站的成交量却始终为零。

王珂分析网站的注册用户数，大部分都是买家用户，卖家发布的信息非常少，为了吸引更多的车主，网站降低了平台服务费。同时，又加大了网站的推广，在各大视频网站、门户网站和电视台再次进行了广告轰炸。

经过第二轮广告轰炸后，网站的注册用户在第三个月就突破百万大关，并且开始有了成交订单，王珂也比较欣慰，准备执行下一阶段的创业计划。

但是他万万没想到的是，他的创业模式被以前的东家复制了。东家在全国各地都有实体连锁店，运营能力强，资金实力雄厚，其也开始创建在线网站来扩大销售渠道，由于东家多年沉淀的客户群，网站规模很快就超越了"e 买车"。

王珂不甘心被东家超越，继续加大对网站的宣传和推广。但是，很快，首轮融资就耗光了，他不得不再次寻求融资。融资人在看过他的融资方案之后，决定继续投资 6 000 万元。但是，在接下来的战争中，"e 买车"的第二轮融资也在两个月内耗尽。因此，王珂感到身陷困局，由于在短期内不可能超越东家，他不得不先关闭了网站，终止了创业。

雷区分析　万万不能参与到"烧钱"战争之中

王珂创业最大的优势在于多年的工作经验和积累的客户资源，凭借这两点，他很容易获得了两轮融资，创业的进程相对较顺利，但是由于商业模式被同行复制，导致最终陷入"烧钱"战争中。

（1）投资者需要考量企业的能力

创业投资的风险和收益是成正比的，投资者的投资对象通常都是处于初创或未成熟时期，但是发展迅速且具有潜力的企业。但是处于该阶段的企业，往往在市场前景、技术及产品可行性和管理运作等方面具有很大的不确定性；各方面信息匮乏，导致创业者对投资者有十分严重的逆向选择行为，投资者必须对项目进行广泛、深入而细致的调查筛选。

（2）创业者需要认清市场行情

首先，二手车"互联网 +"并不只是线上商店，行业具有"一车一况"的特点，需要更加依赖 O2O 模式的线下布局。其次，二手车金融周期长、线下投入大，基本无法利用大数据做信审。但是"烧钱"抢占二手车交易市场的做法，其背后的冲动还是主要来源于扩展信贷。瓜子二手车直卖网CEO 杨浩涌就曾表示："透过二手车直卖网的交易模式，汽车金融、保险及其他售后服务将会成为瓜子的主要盈利业务。"

LESS⊘N ⓞ②
FROM THE FAILURE

寻找中国好合伙人

　　合伙人是指在创业的过程中有时间、有精力、有能力和有资金，并且能够起到积极辅助作用的人，并不是什么人都可以作为创业的合伙人。创业者在创业过程中更要谨慎选择合伙人。

为什么要寻找合伙人

在创业过程中，创业者可以采用合伙人创业模式。通常情况下，合伙人是用资金资产、知识、能力和资源进行合伙投资，参与合伙经营，依照协议享受权利，承担义务和风险，并对企业债务承担无限（或有限）责任的自然人或法人。因此，合伙创业是一种相对"高起点、高规格、高层次"的创业模式。

工作与责任的划分

任何一个企业都需要设置明确的组织架构，并在工作管理中进行分工协作，在职务范围、责任和权利等多方面都有明确的规定。

科学、合理、适宜且高效的组织架构能够最大限度地释放企业的能量，使组织更好地发挥协同效应，达到"1+1>2"的合理运营状态。相反地，没有组织架构的企业就像一盘散沙，组织架构不合理会严重阻碍企业的正常运作，严重的甚至会导致企业经营的彻底失败。

案例陈述：CEO 事事管，但事事管不好

蔡悦是哥伦比亚大学商学院博士生，归国后在一家大型外资企业担任 CEO，由于蔡悦事事追求完美，因此她对所有事情的要求都非常严格，凡事都亲力亲为。

某天，蔡悦需要打印一份财务报表，由于每层楼只有一台打印机，因此，打印所需的时间较长。在蔡悦看来，这样会严重影响办公效率，于是，她亲自去财务部反映了这个问题，但是财务部回应："打印设备属于后勤部门负责，财务部只是负责财务管理和运作。"

蔡悦无奈，又到后勤部反映问题，后勤部向上级提交采购申请，一周后得到批准，每层办公楼购置了两台打印机，但因为存放空间有限，只能存放一台，最终，每层楼还是只有一台打印机。

又过了一段时间，蔡悦发现收发室的快件由于长时间无人领取很容易遗失，因此，她便向保卫科说明了情况，要求安排人员专门管理快件。由于公司保卫科的人员流动性较强，且公司的快件量较小，如果专门安排人员管理的话，人手根本不够，因此，公司并没有采纳蔡悦的提议。

由于蔡悦的助理辞职，她需要招聘一个得力的助手，于是，她便亲自在招聘网站上发布招聘信息，亲自查看求职者投递的简历，并逐个打电话预约面试时间，但是过了两个月，根本没有招聘到理想的助理。

最糟糕的是，在一个面试过程中，错过了一个极其重要的投资电话，让公司损失了近百万元的订单。

鉴于蔡悦在任职期间的种种表现，公司董事会经过一致

的讨论决定：暂时免去蔡悦 CEO 的职务，且将蔡悦调到行政部门，负责协助行政部处理相关事宜。

雷区分析 事事管最终只会导致事事管不好

蔡悦虽顶着金光闪闪的名校光环，但是却欠缺处理问题的能力。因为各种琐碎的小事情完全可以交代给下级去执行，但是她都是亲自去处理，这样只会给董事会留下"不务正业"的印象。由于招聘面试耽误了正事，直接给公司带来了重大的经济损失，因此，她被辞去 CEO 一职也是情理之中的事情。

（1）公司 CEO 的主要职责

CEO（Chief Executive Officer）即首席执行官，是董事会的成员之一，在公司或者组织内部拥有最终的执行权力。在大型的企业中，为了避免个人的权力过于集中，CEO 都是由不同的人担任的，也能够防止公司和股东之间产生利益冲突。在日常工作中，CEO 的主要职责如下。

- ◆ 任免经理人员；
- ◆ 执行董事会决议；
- ◆ 主持公司的日常业务活动；
- ◆ 经董事会授权，对外签订合同或处理业务；
- ◆ 带领 CEO 领导下的执行班子，包括总经理、副总经理、各部门经理、总会计师、总工程师和财务总监等。

（2）公司组织架构的重要性

目前，很多企业正承受着组织架构不合理而造成的损失。组织内部信息传导效率降低、失真严重，企业做出的决策低效甚至经常出错，组织部门设置臃肿，部门间责任划分不清，导致工作中互相推诿、互相掣肘，企业内耗严重等。要清除这些企业病，只有通过组织架构变革来实现。

众人划桨开大船

创业过程中往往会遇到重大问题的决策，但是在群体决策过程中，由于群体成员的心理作用的影响，很容易屈服于权威或者是大多数人的意见，形成狭隘的"从众思维"。从众思维削弱了群体的批判精神和创新意识，影响决策的质量。为了确保群体决策的创造性，提高决策的质量，头脑风暴法就是非常有效的管理方法。

案例陈述 部门主管起早贪黑，项目终究还是失败了

王杰是某科技公司的研发部主管，最近在和某同行公司竞标一个远程控制机的项目，由于王杰具有多年的竞标经验，因此，他很顺利地拿下了该项目。

在项目实施之前，他先制订了项目执行计划表，在组织团队成员进行开会时，团队有个成员表示项目的执行表存在一定的问题，需要适当地调整项目的市场调研环节，因为该项目涉及的新技术比较多。

但是王杰却并未采纳成员的意见，反而以主管的威严告诫成员："这个项目是历经千辛万苦从对手那里抢来的，你们只需要配合项目执行计划表就行。"于是，团队的成员无人再提出不同的意见，都按照执行表中的计划机械地执行。

由于项目方规定王杰团队在一个月后提交项目的样品，因此，王杰要求团队成员务必加紧速度，却忽略了团队的技术能力。由于项目涉及的远程控制技术较多，例如，远程唤

醒技术、固定IP上线技术、动态域名上线技术和FTP上线等，所以时间不够用。

为了弥补团队研发的短板，王杰加班加点钻研远程控制技术，包括从用户需求分析、框架设计、编程设计到功能调试，完全忽略了团队的合作，将项目当作是一个人的任务，且中途出现了问题也是他自己单独解决。

终于，在月底的时候，王杰设计的产品有了雏形。他将产品的设计样品交给项目方，项目方很快向王杰反馈了项目还存在有待改进的地方，需要将产品的卖点凸显出来，让更多的消费者接纳。

在接收到项目方的反馈后，王杰再次组织团队成员召开研讨会，鉴于上一次王杰用命令的方式强制性压制了不同的意见，以致这次没人再敢发表不同言论。讨论无果，王杰又只身一人投入到项目产品的修改之中，经过一个月的调试后，他再次将样品交给项目方审核。

让王杰感到意外的是，项目方对样品非常不满意，说王杰的新产品根本没按照规定的要求来执行，毫无创意，项目方决定不再和王杰合作。这个结果让王杰始料未及，这意味着他在前两个月中每天的早出晚归都打了水漂，这让他陷入了深深的思考之中。

雷区分析 团队的力量是无穷的

王杰能够顺利拿到项目，说明他具有一定的竞标能力，但是忽视了团队的力量，用领导的权威压制了团队的头脑风暴，致使他一人需要完成项目的全部内容，最终因为设计的产品不符合项目方需求而失去该项目。

（1）团队合作的意义

团队合作是一种为达到既定目标所表现出来的自愿合作和协同努力的精神。团队合作能够充分调动团队成员的资源、才智和积极性，所以，团队合作的重要意义有如下几点。

◆ **团队合作具有目标导向功能**：团队合作精神使团队成员齐心协力，共同朝着一个目标努力。

◆ **团队合作具有凝聚功能**：团队成员在长期的实践中形成的习惯、信仰、动机和兴趣等文化心理，引导员工产生共同的使命感、归属感和认同感，从而产生一种强大的凝聚力。

◆ **团队合作具有激励功能**：团队合作要靠成员自觉地要求进步，力争与团队中最优秀的员工看齐。

◆ **团队合作具有控制功能**：团队合作是团队内部形成的一种观念、力量和氛围，用来影响成员。这种控制不是自上而下的硬性强制力量，而是由硬性控制转向软性内化控制，因此，这种控制更为持久且有意义，而且容易深入人心。

（2）领导要信任团队

部门领导在项目指导中，要适当放松自身对项目的控制，将工作交给成员去完成，领导只负责监管项目的进程，当项目在开展过程中出现问题时，领导需要召开会议共同讨论进行解决，而并非一个人完全承包整个项目。

著名的"木桶理论"也适用于团队管理，一个木桶最短的那一块板决定了盛水的容积；同理，团队成员中比较薄弱的环节也决定了整个团队的能力。因此，作为团队主管，还需要注重培养团队成员的能力，尤其是当前急需解决的"短板"问题，进而提升整个团队的能力。

合伙人是资金链的源头

合伙人有较充足的资金，经营规模大，很容易产生效益，从某种程度来看，合伙人是资金链的源头。若创业采用多人合伙的模式，可以发挥集体智慧，取长补短，使创业更加顺利。多元化利益主体会自然形成企业内部监督机制，使企业达到一种理性化、科学化的经营和管理状态。

案例陈述 创始人赶走合伙人，一个月后就关门大吉

白原是某团购网站的资深产品经理，在2010年带领团队研发了团购网站的APP，提前在手机端布局，依托于用户的点评信息和用户积累，在用户基础和服务黏性方面领先于其他的团购网站。

白原仔细研究了团购行业的趋势，从2009年开始，我国餐饮团购成交额逐年递增，且年增长率均在90%以上。2015年上半年，餐饮团购成交额为483.4亿元，较上年同期增长190.20%。餐饮团购占团购市场的份额为62.83%。

在透彻研究了行业的趋势后，2015年年底，白原离开公司自立门户，进军团购行业。由于目前团购行业的市场竞争异常激烈，白原采取合伙人模式创业。

白原找来自己的同伴李想和刘健，两位合伙人分别出资200万元，白原出资500万元。两位同伴都是营销行业的精英，结交了不少的客户，主要负责产品的销售和推广，由于白原是技术出身，便负责产品的研发和改进。3人分工明确，创业从此开始。

随着市场的竞争加剧，公司需要适当改变运营模式，在内部战略计划制订过程中，3人的意见出现了严重的分歧。

李想和刘健主张顺应市场的营销趋势，加大产品在市场中的占有率，走"农村包围城市"路线，避免和同行在大城市中打价格战。而白原则提出走用户体验路线，注重中高端用户群体，提升用户对产品的黏性。

经过激烈的讨论之后，3 位合伙人也没有能够达成一致的意见，因此，公司在接下来的运作中处于极度混乱的状态，无法集中力量执行任务。

白原作为公司的创始人，再次召集两位合伙人进行发展战略商讨，在商讨期间双方的分歧依旧较大，一怒之下，白原竟然对两位合伙人下了"逐客令"。两位合伙人面对如此的羞辱，也大骂白原忘恩负义，要求退还创业的合伙融资，并带走了公司的主力销售团队。

两位合伙人一走，白原的公司就失去了最得力的销售团队，而他自己又不懂销售。更糟糕的是，两位合伙人带走了创业资金，白原无法进行资金周转，而此时又正值新产品上市的紧要关头，无奈之下，白原只得向银行申请 1 000 万元贷款。好不容易申请到贷款，但是已经错过产品的黄金推广期，同行的商品已经抢先上市，1 000 万元在一个月内就被用光。白原也背负了巨额债务，为了偿还债务，不得不宣告公司破产。

雷区分析 重视合伙人对企业的影响力

白原是在认真透彻分析了行情之后才开始创业的，并没有盲目创业，按理说，有合伙人的扶持，创业成功的概率会相对较大，但是最终还是失败了。其根源在于他赶走合伙人，让公司失去了销售渠道、创业原始资金及重要的销售团队。而白原是技术出身，根本不懂销售，无法在短期内重组销售团队，加之新品上市推广遇到了资金问题，他被迫向银行贷款，款项到位后却错过了产品最佳上市期，在背负了巨额账务的压力下不得不关闭公司。从白原的创业经历来看，创业者要吸取以下的教训。

（1）创业者和合伙人的地位平等

合伙创业是合伙人基于创办企业发展经济的考虑，共同出资出力进行的创业活动。合伙人与创始人之间是纯粹的物质利益关系，而非行政关系。双方是在相互交流思想和看法，彼此就创建企业、开发产品及经营方式等方面达成共识后，按照自愿的原则共同出资实现合伙的。各方具体的出资方式及出资数额会有所不同，但其在法律地位和人格上则是一律平等的。

（2）合伙创业的利益是相互的

促成合伙创业实现的动机是双方均有利可图，创业者可以通过合伙弥补自身缺陷、壮大实力，圆创业致富之梦。合伙创业的过程本身就是一个互利"双赢"的合作理念，但是这种合作模式成功与否，就在于利益分配，双方能否始终坚持互利互惠、合作共赢的原则，若有一方企图单独受益，那么合伙将难以继续。

（3）合伙人责任、权利与义务的确定性

合伙创业规避了独立创业的单一化局限，明确了创业人员和合伙人的责任、权利和义务。为了监督各方履行义务，保障彼此利益的实现，双方都需要签订具有法律效益的合伙协议，以书面形式规定各自出资的方式、金额、各自承担的责任与义务、利润分配和亏损分担的具体方法等。合伙创业协议将创业者和合伙人的责、权、利明确化、规范化，使每一个成员都清楚地知道自己应履行的义务和所应承担的责任。

谁才是你需要的合伙人

合伙人在创业过程中始终扮演了一个极其重要的角色。合伙是把事业做大的前提，所以创业者要谨慎选择合伙人，并且在选择合伙人之前，创业者必须知道哪些人适合做合伙人，哪些人不适合；选择合伙人的基本标准是什么；在合伙之后需要制定哪些原则等。

忌任人唯亲，广纳贤才

在几千年以前，古人就强调任人唯亲的弊端，伊尹在任丞相期间，整顿吏治，洞察民情，使商朝初年经济繁荣、政治清明。他在告老还乡的时候，在《尚书·咸有一德》中告诫君主："任官唯贤材，左右唯其人"，意思是只任用有德有才的人，只任用忠良的大臣。

后来，即以"任人唯贤"强调用人要出于公心，以事业为重，切忌任人唯亲。但是，任人唯贤的典范实在太少，而任人唯亲的例子却比比皆是，尤其是出现在创业企业中。

案例陈述 庞大家族企业的土崩瓦解

陈其，1950 年毕业于广州大学，1956 年取得加利福尼亚大学加州大学硕士学位，在 1990 年回国后以 10 000 元创办了广州索妮娅化妆品公司。

索妮娅是中国著名的化妆品品牌，亦是广州索妮娅股份有限公司旗下最成功的产品之一。索妮娅专注于女性化妆品行业的研究与拓展，起步早，品类多，运营渠道多，凭借鲜明的品牌、精准的定位和价格优势，长期占据化妆品品牌的龙头地位。在 1995 年，索妮娅的营业额高达 200万元，陈其个人资产达到 100 多万元，被评为最成功的企业家之一。

就在索妮娅发展得如日中天的时候，其命运却出现了重大的转折。1998 年，陈其中风，长期住院治疗，公司无人打理，使其内部相继出现了一系列的重大失误，导致市场占有率下降，公司开始走下坡路。在 2000 年，陈其病危，公司股价急剧贬值，公开抛售股权，公司的运作不容乐观。2001 年，陈其病逝，公司宣告倒闭。

曾经的庞大化妆品企业，为何在短短几年中倒闭？

在陈其中风住院期间，公司内部管理比较混乱，股东纷纷拉帮结派，无心打理公司，导致公司的决策出现了重大失误，市场占有率迅速下降。

陈其为了避免自己的创业成果被股东"瓜分"，他采取了背离现代化企业管理的策略，延续传统家族管理方式，任人唯亲。

陈其直接任命他的大儿子陈进成为企业接班人，此举遭到公司股东的极力反对。因为陈其大儿子陈进学识平庸，缺乏父辈创业掌舵人的雄风，并且陈进长期在海外求学，对中国的国情不了解，更别提公司内部的业务了。陈其却固执己见，坚持将陈进安排进公司的最高管理层。

紧接着，陈其以辅助大儿子工作为理由，将 25 岁的小儿子陈取也安排到公司。公司董事会的反对声一浪接着一浪，因为陈取是出了名的游手好闲，不务正业，经常被媒体报道出各种负面新闻，如果陈取出任公司管理层成员，将会对公司造成极大的信誉损害。

对于陈其这种任人唯亲的人事调动做法，公司产品研发部总监朱杰、财务总监李玉佩和营销事业部经理萧申酉，这三位公司的元老在跟陈其的律师沟通无果的情况下，提交了辞职申请。元老辞职好比触发了多米诺骨牌效应，导致公司的员工也相继辞职，公司元气大伤。

由于小儿子陈取管理公司财务，出现大量的财务漏洞，最严重的时候，连续 3 个月拖欠员工的工资。尽管后来补发了工资，但是严重伤害了员工的工作热情和积极性。

陈其的大儿子陈进发现自己根本无法管理公司，高薪外聘了一名外籍顾问，但是也无法挽救公司日渐西落的局面，最终也是无法回天，不得不宣布公司破产。

雷区分析 任人唯亲是创业失败的导火线

陈其曾经作为叱咤风云的商场人物，一度将企业推向了最高峰，但最终却采取了企业最忌讳的管理方式，即为了巩固创业成果，不顾股东和员工的反对，将不懂业务的大儿子安排为董事长，导致公司的战略决策无法执行；又将不务正业的小儿子陈取安排管理公司财务，致使拖欠员工工资，造成大批员工辞职。上述做法严重影响了公司的正常运作，最终落得公司倒闭的结局。

这个示例带给我们以下经验教训。

（1）企业发展需要优秀人才

"问渠那得清如许？为有源头活水来。"从企业发展的角度来分析，企业在成功创建之后，必须引进大量的优秀外部人才，为企业的发展注入大量的新鲜血液。随着企业的逐步发展壮大，这些优秀的外部人才会逐渐充实到各个管理岗位，促进公司的不断成长。

（2）管理权的传递

关于企业的管理权，很多创业者在成功创业之后都难以割舍手中的权力，试图将企业的管理权传递给自己的子女或者是亲戚，进而实现管理权的更迭。

实际上，这种做法存在着一定的危害性，一方面，管理权直接传递给子女或者是亲戚，很容易引发企业内部管理人员的负面情绪，如果处理不好这层关系，挑战企业内部晋升机制的底线，很容易导致内讧；另一方面，创业者需要考虑子女或者是亲戚能否承担起这个重任？如果指定的继承人足够优秀，则能够促进企业的平稳健康发展；如果不能担起这个重任，则这种做法必定会将企业推向失败。

（3）任人唯亲会引发的"病患"

任人唯亲到底会引发怎样的"病患"呢？企业在实际的运作过程中，可能会出现资金、营销、管理、文化和制度等多方面的问题，而单一的因素往往会形成"蝴蝶效应"，引发一系列的问题。例如，任人唯亲就可能引发诸如内部管理机制、员工招聘机制、晋升机制和合伙机制等问题。当一个企业处于高速发展的阶段，如果创业者仍旧保持这种落后的管理思想和模式，缺乏企业发展的大局观念，则很可能就会葬送企业的命运。

制定合伙人的招聘标准

很多创业者在创业前期，由于创业资金、技术、管理经验和人才储备等多方面的欠缺，通常情况下，会选择与合伙人共同创业。而创业者在选择合伙人的时候，往往都比较盲目，缺乏自身的判断，往往使合伙人成为压垮骆驼的最后一根稻草。

案例陈述 企业 HR 擅作主张，招来害群之马

夏彩是一家企业的 HR，在任职期间主要负责人事招聘，公司的招聘流程主要是：第一，在各大主流招聘网站上发布招聘信息；第二，筛选简历，合格的人员，由 HR 逐一打电话预约面试时间；第三，人事部负责初试，初试合格后安排各部门主管进行复试；第四，复试合格者则安排入职前培训，培训考核合格后发放 offer。

公司制定完善的招聘流程，主要是为公司筛选优秀的人才。在近期内，由于原来的市场部经理离职，公司急需招聘一位具有管理经验的市场经理。

夏彩为了早日帮公司招聘到理想的市场经理，在各大主流网站上都大量发布了招聘信息。由于该岗位属于中高端人才，为了吸引更多的求职者投递简历，她擅自修改了岗位的薪资待遇，希望用高薪吸引人才。

招聘信息发布以后，果然吸引了一大批求职者，但是根

据初试的效果，符合岗位要求的人员较少，因此，夏彩再次擅自修改了薪资待遇。

某个工作日，夏彩像往常一样打开招聘网站管理台，查看简历的投递情况，她发现一个叫何莲的求职者非常符合岗位的要求。于是，打电话预约面试时间，何莲在接到电话后，立刻答应了约定的面试时间。

在初试过程中，夏彩对何莲的表现非常满意，通过初试后，又再次安排了部门主管进行复试，何莲很顺利地通过了复试，但是在谈及薪资待遇的时候，何莲发现实际的薪资待遇并不像招聘信息中所说的那样，部门主管为了留住她，破例将薪资比例调高。

在入职前的试岗期中，何莲的工作表现优秀，夏彩再次打破招聘要求，提前转正。一个月后，何莲正式成为公司的一员。相比于同期进入公司的同事，何莲已经赢在了起跑线上。

公司在推广一款保健产品的时候，遭遇了竞争对手的栽赃陷害，被"消费者"投诉，产品的汞含量超标。由于媒体歪曲事实，大肆报道，引导了舆论，公司一时间被推到风口浪尖之上，成为众矢之的。

这时，何莲挺身而出，决定帮公司讨回公道。她联系到了当地的具有公信力的政府质检部门，对同一批次的产品进行质检，质检结果全部合格；她再次联系到了各大媒体，召开了新闻发布会，公开了产品的质检单，和"消费者"苍白无力的投诉形成了鲜明的对比，因此，何莲成功地化解了公司的信誉危机。

不久，在公司的内部会议中，公司决定将何莲提升为市场部副主管，同时兼任公关部的发言人，正式成为公司管理层的一员。这也成为何莲职场生涯的转折点。从此,何莲开始了我行我素的风格。上班迟到,提前下班,无视公司的规章制度,并且和同事相处态度傲慢,经常顶撞上司,慢慢地,公司的同事开始对何莲有了意见,但是碍于情面,没人敢直接指出来。而何莲却认为自己是公司的核心人物,公司没了她根本不可能发展起来。

一次,在公司的内部会议中,产品研发部主管提出了新产品的研发方案,不等主管发言完毕,何莲就打断主管发言,并且直言无讳,提出许多批评意见,将主管的方案批判得一无是处。在会议结束后,公司的高层再次召开内部会议,其中专门提到何莲的作为,最终决定撤去何莲的职务,不再担任市场部副主管和公关部发言人。

由于夏彩在招聘何莲的时候,擅自修改了薪资待遇,违反了公司的招聘制度,夏彩被扣除季度考核奖金,且市场部主管在没有经过公司允许的情况下,破例调薪录取,故降低其 20% 的 KPI 绩效考核。

雷区分析 企业 HR 须严格执行公司的招聘制度

夏彩在招聘过程中,犯了两个严重的错误。首先,没有经过公司的允许,擅自调整招聘岗位的薪资待遇,以致在复试的时候,市场部主管也被迫按照之前的薪资待遇留住何莲;其次,鉴于何莲在试用期的表现优秀,没有经过公司管理层的同意擅自提前将何莲转正。尽管何莲曾成功帮助公司化解了信誉危机,但是此后却自视甚高,我行我素,引发同事和领导的不满,最终被公司解雇。因此,从夏彩整个招聘过程中,公司创业者要吸取以下的教训。

（1）严格遵守和执行公司的招聘制度

任何一个公司都有相关的招聘制度，尽管可能会存在一些不合理之处，但是 HR 无权擅自修改。如果对部分招聘制度有异议，HR 可以和领导提出修改意见。一旦 HR 擅自修改制度，公司领导会认为 HR 是在公然挑战自己的管理权，最终必定会惹祸上身。

（2）做好人员的绩效考核

HR 的工作较细致，在选才、育才、用才和留才的四大人力资源管理职能中，选才只是基础，还需要对招聘的人员进行全面的绩效考核。

具体来说，就是根据企业的战略规划做出相应的人力资源规划，预测人力资源的需求和供给，通过综合考核后确定所选人员是否能够胜任工作，如果不能，那么只会成为"人力负债"。人力资源具有可开发性，企业通过组织员工进行学习，能够开发员工的潜能，提高其工作效率和积极性，进而为企业创造更大的价值。

（3）管理好员工的薪资、入职和离职工作

企业 HR 通过薪资水平、结构和形式 3 个方面的管理制度，来实现人力资源的平衡和稳定，通过改善个人和企业的绩效指标，控制人工成本，提升员工为企业创造价值的能力。

入职管理是人力资源管理的重要部分，通常情况下入职管理主要分为入职准备、入职报道、入职手续、入职培训、转正评估和正式转正这六大流程，完善的入职流程能够确保招聘的人才正是企业所需。

离职管理也会对企业造成一定的影响，HR 需要分析员工的离职原因并核算离职成本，设置各个岗位的储备人才，控制人力资源的流动性，保证企业的正常运行。

创业者应该怎样对待合伙人

　　市场经济变幻莫测，相关法律法规逐步完善，创业者和合伙人之间的利益分配、权利和义务分配越来越明确。与此同时，创业者和合伙人之间产生的隔阂、分歧和矛盾也屡见不鲜，当自身的实际利益与制度产生冲突的时候，如果创业者不能处理好这层关系，最终很容易导致合伙人分道扬镳，严重的甚至会反目成仇。这也是摆在创业者面前亟待解决的难题之一。

员工的归属感

　　员工的归属感是企业留住员工的重要手段。当员工在企业工作一段时间后，在思想上、心理上和价值观上对企业产生了认同感、安全感、使命感和成就感，这就是所谓的员工归属感。

　　而实际上，员工归属感的形成是一个非常复杂的过程，但是归属感一旦形成后，将会使员工产生自我约束力和强烈的责任感，调动员工自身的内部驱动力，形成正向的自我激励，最终产生投桃报李的效果。在现代企业管理过程中，许多企业也将培养和建立员工归属感作为企业文化建设的重点。

案例陈述 企业暴力管理导致倒闭日提前到来

20 世纪 70 年代，任正敏出生于浙江省宁波市的一个普通家庭。家乡良好的地域位置，再加上独有的商业眼光，使任正敏成为家族的第一位创业者，也成为典型的白手创业的代表人物。

从地理位置来看，宁波市地处东南沿海，长江三角洲南翼，是长江三角洲的五大区域中心之一。宁波港自然条件更是得天独厚，向内可连接沿海各港口，覆盖整个华东地区以及长江流域；向外直接面向东亚及整个环太平洋地区，包括台湾、香港、釜山、大阪和神户。宁波港被国际港航界权威杂志——英国《集装箱国际》评为"世界五佳港口"。

任正敏从小具有经商意识，他发现宁波港是中国大陆主要的集装箱、矿石、原油和液体化工中转和储存基地，同时也是华东地区的煤炭、粮食和生鲜等散杂货中转和储存基地。因此，宁波港的物流一直很发达。而任正敏也正看中了宁波港物流行业的发展空间。

在 20 世纪 80 年代，任正敏在高中毕业后就购置了一辆载重 2 吨的货车，在港口做生意，由于他的运货价格公道，为人正直，很多货商都愿意找他运货。他的生意就做大了，为了招揽更多生意，他找来儿时的伙伴谢玉民和王晨明合伙创业。

在 3 年后，3 人已经共同创建了"兴隆发物流有限公司"，公司的运营风生水起。为进一步扩大公司的经营规模，他们又大量招聘了高学历的文员。任正敏看着各个名牌大学毕业、具有一定工作经验的文员，心里喜滋滋的，原以为自己创办的公司整体实力水平得到了提升，但是事情的发展却出乎他的意料。

由于任正敏只有高中文化水平，且不具备专业的管理能力，面对公司的高素质人才，他开始感觉管理公司有点力不从心，但是为了保持自己在公司的绝对性领导地位，他采取了比较极端的"暴力政策"。

公司的员工经常被他呼来喝去，甚至是爆粗口，工作上出现错误，更是被当众训斥，财务终于忍受不了任志敏的暴力管理，直接离开了公司。公司的其他员工都忌惮任志敏的权威，小心翼翼地工作。因此，任志敏自以为在员工中树立了威严，他认为只要工资给得高，依旧可以招到人。因此，他决定继续执行他的"暴力政策"。

此后，公司陆续有人离职，但是公司却很难再招到人，尽管岗位的薪资是其他公司的两倍。直至有一天，公司的行政人员也离职了，公司只剩下他一个人，他急忙打电话向两位合伙人求助，但是合伙人在很早以前就已经被他的暴力呵斥走了。

曾经风光无限的物流公司，如今沦落到这步田地。任志敏百思不得其解，他打开电脑，查询"兴隆发物流有限公司"，页面资料显示的都是公司一步步的稳扎稳打的发展纪实，但是在关于公司评论的页面区域，评论出奇的一致："公司老总文化低，爆粗口""公司管理不人性化，员工没归属感""不值得留恋的一家公司，求职者千万别去"。任志敏默默地关掉了网页，也关掉了兴隆发物流有限公司。

雷区分析 企业要发展，拒绝暴力管理

任志敏作为具有商业头脑的创业者，高中毕业后就凭借自己的能力闯出了一片天，在和儿时伙伴创立了公司之后，为了公司的进一步发展而招聘高素质人才，但是由于自身的管理能力有限，又为了树立自己在公司的权威，只得采取"暴力政策"，而最终的下场是逼走员工，公司倒闭。

因此，从企业的长远发展来看，创业者在管理的过程中应该拒绝暴力管理，建立员工的归属感。那么，如何在市场中建立员工的归属感呢？

（1）领导的人格魅力的带动作用

企业的领导风格迥异，有智慧型、幽默型、威严型或包容型等。如果领导将自身的素质、修养和内涵等人格魅力传递到企业管理中，也会引导员工潜移默化地转变。例如，领导经常关心员工的工作和生活，帮助员工解决问题，利用个人的魅力激励、唤醒和鼓舞员工，让员工感受到公司的人性化管理，进而产生极大的归属感。

（2）沟通是建立归属感的重要因素

美国通用电气 CEO 杰克·韦尔奇曾说过："沟通，沟通，再沟通。"可见，沟通在企业管理中的强大作用。对于企业管理来说，通过创建公开、透明和自由的沟通渠道，能够构建企业与员工之间的沟通桥梁，促进员工之间思维的碰撞，感情的升华，避免一切不必要的误会，释放领导或者员工之间因为各种误会而产生的不满情绪，可以培养员工的归属感，进而更加有利于企业的管理。

对于员工来说，在有效沟通的氛围下工作，能够让其感受被重视、被信任，在心理上得到极大的满足和鼓舞，从而以更高涨的情绪投入到新的工作中，增强员工对企业的归属感。

签订保密协议

在创业中，创业者和合伙人都会参与商业计划的研讨，因此，商业机密成为重点保护对象，如果创业者不建立相关的管理机制，很容易泄露商业机密，最终造成创业计划功亏一篑。所以，在选择创业合伙人的时候，需要运用法律武器来保护商业机密。

案例陈述 不懂用法律保护商业机密的企业迟早会出事

李晓霞和合伙人共同创办了一家化妆品专营店，由于创业初期，店铺的规模不大，只聘请了两位营业员，李晓霞为了鼓励员工的积极性，往往在召开内部会议的时候，甚至是重大决议，都将所有的员工召集到一起。

由于李晓霞的人性化管理，员工感觉自己的工作得到了重视，进而工作热情被激发，店面的月度销售额达到10万元，成为同行眼中的佼佼者。

随着店铺的月度营业额持续增长，李晓霞再次召集合伙人和两名雇员商谈扩大店面的事宜。在商谈之前，合伙人提醒李晓霞，重大的决议应该只由内部的创业人员参与，雇员不需要参与其中，但是，李晓霞以提升员工的工作积极性为由，拒绝了合伙人的提议。

在关于扩建店面的商谈会中，店员王洁和叶欢都提出了可圈可点的意见，经过一致商谈，最终决定采纳王洁的建议，在市中心的百货大楼租赁一家店面，作为店铺的分店面，并且分派王洁去管理分店，定期向李晓霞和合伙人汇报经营的情况。

由于分店的客流量非常大，再加上王洁具有销售经验，很快，王洁负责的分店的销售额超过了总店。很多时候王洁一个人忙不过来，因此，李晓霞决定将王洁任命为分店的店长，并且再招聘两个营业员协助王洁的工作。

在分店的生意开展得如火如荼的时候，王洁突然提出了离职申请，此举动让李晓霞分外诧异，而王洁只是淡淡地回复她："工作累了，想暂时休息一下。"李晓霞立刻反思是否自己给员工施加的压力太大？便立即答应给王洁放半月的年假，但是王洁却回绝了。对于王洁的突然离职，李晓霞十分不解。直到王洁出现在同行的店铺中，她才醒悟过来：王洁被挖墙脚了。李晓霞仍然在反思，是否因为薪资太低，导致员工被同行挖走。

但是同行接下来的举动让李晓霞措手不及：同行的发展模式竟然和自己的发展模式一模一样，其也在百货大楼租了铺面，抢了自己的生意。更让李晓霞错愕的是，对手竟然知道自己店铺的销售数据，包括化妆品品牌、进货渠道、进货商和进货价格等，发展至此，李晓霞恍然大悟，原来是对手收买了王洁，而王洁将店面的销售数据全部泄露给了对手，导致对手对自己的情况了如指掌。

由于王洁在任职期间，李晓霞并没有和其签订保密协议，无法取证王洁泄露了店铺的商业机密，最终，只能眼睁睁看着对手出击，而自己却无力还击。

雷区分析 运用法律武器保护商业机密

从鼓励员工参与到工作中的角度来看，李晓霞让基层的雇员参与到店铺重大决策的谈论中，可以最大限度上调动员工的工作积极性，但是也存在着泄露商业机密的风险。在第一次展开内部商讨会的时候，合伙人提醒她应限制参会人员，但是被她拒绝了。后来王洁被同行挖墙脚，导致商业机密全部被其泄露，使同行对自己的销售情况和进货渠道了如指掌，而自己却无力还击。从该次事件中，创业者要重视以下几点。

（1）深刻认识保密协议的重要性

创业者必须和合伙人及其他员工签订保密协议，运用法律武器来保护商业机密。保密协议是指协议当事人之间就一方告知另一方的书面或者是口头信息，约定不得向任何第三方披露。如果当事人出现违反约定的情况，将要承担民事责任或者是刑事责任。一般情况下，一份完整的保密协议主要包括保密内容、责任主体、保密期限、保密义务及违约责任等条款。

（2）泄露保密协议需要承担的刑事责任

根据《刑法》第二百一十九条，《反不正当竞争法》第十条的规定，侵犯商业秘密罪客观要件包括：

- ◆ 以盗窃、利诱、胁迫或者其他不正当手段获取权利人的商业秘密。
- ◆ 披露、使用或者允许他人使用盗取和利诱不正当手段获取的权利人的商业秘密。
- ◆ 与权利人有业务关系的单位和个人，违反约定或者违反权利人有关保守商业秘密的要求，披露、使用或者允许他人使用其所掌握的商业秘密。
- ◆ 权利人的职工违反合同约定或者违反权利人保守商业秘密的要求，披露、使用或者允许他人使用其所掌握的权利人的商业秘密。
- ◆ 第三人明知或者应知上述所列违法行为，获取、使用或者披露他人的商业秘密，视为侵犯商业秘密。
- ◆ 本条所称商业秘密，是指不为公众所知悉、能为权利人带来经济利益、具有实用性并经权利人采取保密措施的技术信息和经营信息。包括工艺流程、技术秘诀、设计图纸、管理方法、产销策略、客户名单、货源情报等。

留住核心员工

在任何一个企业中，核心员工对于企业有着举足轻重的意义。因为核心员工都比较了解企业的运作机制，并且熟悉管理模式，深谙企业目前存在的缺陷，如果创业者不能留住核心员工，这无疑是给自己的创业路上留下了后患。

案例陈述 **"小霸王"被"步步高"完败**

中山小霸王公司成立于1987年，主要从事研发、生产和销售教育类的电子产品。小霸王公司曾推出的系列游戏机和学习机风靡一时，公司请来功夫巨星成龙代言的"望子成龙小霸王"更是家喻户晓。

但如今，小霸王的风光不再，而被"步步高"取代。这其中还有一个鲜为人知的插曲，讲述了两家企业发展的来龙去脉及双雄角逐的过程。

在1989年，段永平随着"孔雀东南飞"的浪潮来到了广东中山怡华集团旗下的一间小工厂做厂长，这间工厂已经亏损了200万元，段永平接手后，开始生产电视游戏机，取了"小霸王"这个响当当的名字。只用了3年的时间，这间小工厂的产值就达到1亿元，公司正式更名为"中山小霸王电子工业公司"，在众多游戏机品牌中，唯小霸王一枝独秀。

在1993年，小霸王学习机横空出世，迅速成为这个行业当之无愧的"霸王",市场份额逼近80%,1995年小霸王产值超过10亿元。

但是企业并没有像广告词宣传的那样"其乐无穷"下去,接下来由于利益分配方面出现了不可调和的争端,按照协议书的规定,销售额按照二八分配,段永平应该获得2 000万元的薪酬,但是他不满足于一名"打工仔"的现状,在1995年8月提出辞职,带走了大批的技术骨干,另起炉灶。

1995年9月18日,步步高电子有限公司宣告成立。段永平带领的团队创造了另一个神话,从早期的无绳电话、VCD,到步步高学习机,再到vivo、OPPO智能手机,均在行业中取得了瞩目的成绩。

小霸王则被远远地甩在了身后。如果段永平没有研发出"小霸王"学习机,怡华集团旗下的一间小工厂则可能面临着倒闭的命运;但如果"小霸王"真的留住了段永平,那么又会是另一番事业景象了。

雷区分析 留住核心员工,延续企业的生命力

"小霸王"在遇到段永平之前濒临倒闭,负债累累;在遇到段永平之后,转危为安,成为行业真正的"霸王";"小霸王"在失去段永平之后,风光不再,企业的发展开始逐渐走下坡路,最终市场几乎被步步高完全取代。"小霸王"的兴衰更替也体现了核心员工对于企业的重要意义。

(1)人才与技术,二者需兼得

在市场经济中,创业者引进技术和人才时,需要多参考、多反思和多比较,使得创业项目的开发过程也成为技术引进、人才开发和资源整合的

过程。如此积土成山，积水成渊，技术层次逐步提升，企业的核心竞争力才能够不断增强，市场占有率才能得到巩固。

（2）自主品牌的保护

企业在创建好品牌之后，还需要对好品牌进行保护。所谓的品牌保护，就是对品牌的所有人、合法使用人的品牌实行资格保护，防范来自各方面的侵害和侵权行为，而品牌保护主要包括品牌的经营保护、品牌的法律保护和品牌的社会保护。

如果企业不注重自主品牌的保护，就很容易被"山寨"。在市场经济中，"山寨"被称为"黑色经济"，"山寨"产品的肆意横行往往会影响自主原创品牌的声誉，严重的甚至会迫使自主品牌从公众的视线中消失。

（3）商标的保护

树立一个牢固的自主品牌固然重要，但是商标的保护也不容忽视。可口可乐之所以能够历经上百年依然长盛不衰，正是因为它的独特配方、外观设计、包装技术、广告宣传和商标保护。但是智者千虑，必有一失，"百事可乐侵权"事件仍闹得沸沸扬扬，而百事可乐的迅速成长壮大，足以抗衡可口可乐，因此，百事可乐也成为可口可乐的心头大患。

由此可见，品牌的商标保护已成为影响企业发展的重要因素。企业要想保护获得的商标专用权，需注意商标类别的组合注册，通过科学的组合注册，编制一张严密的保护网，防止其他"有心人"搭顺风车。

在我国，商标以注册为主，兼顾"使用在先"的原则。但是并非所有的商标都能够注册，一旦出现商标纠纷，企业需要花费大量的精力来处理。因此，为防患于未然，企业需要及时注册商标，防止他人侵权。

LESS💣N 03
FROM THE FAILURE

抓住商机，抢占市场

　　创业者要想成功创业，一定要抢先抓住商机，这是成功创业的必要筹码，也是必要条件。当抓住商机后，才能先人一步抢占到市场，获得大量的优质资源。

市场调研挖掘潜在的商机

市场调研是指企业运用各种科学的方法搜集、记录和整理市场的信息，了解市场的现状，分析市场的需求，预测市场的发展趋势，为企业提供精准且客观的资料。对于创业者而言，市场调研是创业的第一步。市场调研包括市场环境调查、市场现状调查、行业竞争程度调查、产品价格调查、消费者需求调查、社会因素调查以及自然因素调查等。创业者通过全面的市场调研挖掘潜在的商机，增加创业成功的概率。

市场调研需要抓住客户心理

市场调研对于营销管理而言，其重要性相当于军事指挥中的侦查。如果不进行客观、全面且真实的市场调研与预测，了解客户的实际需求，站在客户的立场去思考产品设计，则"客户至上"的理念就不能始终贯穿全过程。如果企业仅凭借经验或者是盲目跟风就作出决策，这样的做法是非常危险的，会严重影响产品上市后的营销，使得后续工作的开展举步维艰。

案例陈述 可口可乐也在进行市场调研，但消费者不买账

可口可乐作为家喻户晓的跨国饮料品牌，曾经在 20 世纪 80 年代出现过一次致命性的错误。

在 20 世纪 70 年代中期，可口可乐作为美国饮料界的霸主，积累了大量的忠实用户，市场占有率一度高达 80%。但是随着竞争对手百事可乐的迅速崛起，在 1975 年，可口可乐的市场占有率仅比百事可乐多 7%。

面对竞争对手百事可乐发动的咄咄逼人的攻势，可口可乐的霸主地位受到了威胁。为了摆脱这种尴尬的困境，可口可乐决心找出销量下降的原因，在美国 10 个主要城市进行了一次市场调研，在调研问卷中专门设计了"你认为可口可乐的口味如何？""你想试一试新饮料吗？""可口可乐的口味变得更柔和一些，你是否满意？"等问题。可口可乐希望通过消费者的评价，并征询消费者对新口味的意见，来深入了解消费者的需求。根据调研结果显示，大部分消费者都愿意尝试新口味的可口可乐。

决策层以此为依据，决定结束老配方，同时研发新口味配方。没过多久，比老可口可乐口感更柔和、口味更甜的新口味的可口可乐出现在消费者面前。

为了确保万无一失，在新口味可口可乐正式推向市场之前，可口可乐公司又花费数百万美元在美国 13 个主要城市进行了口味测试，并邀请了近 20 万消费者免费品尝无标签的新可口可乐和老可口可乐。

结果让决策层更为放心：六成消费者觉得新口味可口可乐味道比老可口可乐要好；超过半数的消费者认为新口味可口可乐味道胜过百事可乐。这次市场调研的数据显示：新可

口可乐应该是一个成功的产品。

1985年，可口可乐公司举行了盛大的新闻发布会，宣布新口味可口可乐将取代老可口可乐。然而事情的发展却出现了反转，在新口味可口可乐上市4小时之内，就接到抗议更改口味的电话达650个；到5月中旬，批评电话每天多达5000个；6月份这个数字上升为8000多个。

此外，还有数以万计的抗议信如潮涌来，消费者纷纷表示可口可乐作为美国的一个象征和一个老朋友，更改口味就相当于是突然之间背叛了他们，甚至有消费者成立"美国老可口可乐饮用者"组织来威胁可口可乐公司，如果不按老配方生产，就要提出集体控告。最终，新口味可口可乐计划以失败而告终。

雷区分析　产品始终要以用户为中心

尽管可口可乐公司在前期花费了两年时间和数百万美元进行市场调研和产品研发，但是新口味的可口可乐在上市3个月就宣布失败。归根结底，可口可乐在进行市场调研的时候忽略了最重要的一点：消费者选择可口可乐的动机。口味并不是最根本的因素，而在于情怀。美国消费者将老可口可乐看作是一种美国精神，更改了配方就相当于是背叛了美国精神，消费者不会买账，这也决定了前期的市场调研必定失败。这一事例给了我们以下经验教训。

（1）企业需要弄清楚消费者的购买动机

许多企业不惜砸重金为新产品进行市场调研，希望能够借此获取到消费者对新产品的最真实的使用感受，并及时反馈给产品设计部，对产品进行全方位的优化设计，为研发出适应市场的新产品做准备。

但是创业者却往往忽略了一点，消费者在选择产品的时候出于何种动机，是因为忠于品牌，还是口碑效应，抑或是其他原因？消费者购买某一产品并非仅仅是因为产品功能，可能是品牌背后所承载的精神。因此，企业一味地研发功能齐全的产品，还不如先搞清楚消费者购买产品的动机。

（2）市场调研也是一把"双刃剑"

企业要想研发出获得消费者"芳心"的产品，做好前期的市场调研是最基础的工作，但是企业也必须意识到：市场调研是一把"双刃剑"，如果调研充分、全面、真实，则能够为企业带来巨大的经济效益；但是过度依赖市场调研，则会使企业失去对市场的判断能力，不能够充分把握市场的变化和消费者需求，在投入大量资金的情况下，也不能研发出真正符合消费者需求的产品。

错误判断市场需求失去商机

在千变万化的市场经济中，创业者一旦错误地判断了市场需求，就表示已经失去博弈的机会，将会被淘汰出局，因此，企业精准判断市场需求也是市场调研环节中的重点内容。

案例陈述　中国人不喝凉茶？茶饮龙头企业痛失市场

中国是茶的故乡，茶发于神农，闻于鲁周公，兴于唐朝，盛于宋代，普及于明清。茶文化已有四、五千年的历史，长盛不衰，传遍全球。

而在岭南地区，由于当地的气候和水土的特性，民间常饮用复方或单味土产草药煎熬而成的饮料，将药性寒凉和能消解内热的中草药煎水作饮料喝，以消除夏季人体内的暑气或冬日干燥引起的喉咙疼痛等疾患。这种饮料也就是消费者所说的"凉茶"。

如果茶饮企业以"茶文化"作为产品的卖点，是否会碰撞出不一样的火花呢？如果将凉茶推向全国，是否会取得抢占市场的先机呢？

广东宾茶发展有限公司是当地的龙头企业，是集培育、种植、生产和销售于一体的民营科技企业。创始人黄宇伟始终坚持"创新与发展并进，企业与客户共存"的管理理念，在短短几年中，企业从默默无闻的小公司发展成为当地的龙头茶饮公司。

随着市场变化，公司的业务方向也逐渐发生了变化，公司决定研发一款茶饮料，在进行市场调研的时候，公司发现：由于当地的气候条件，凉茶备受欢迎，公司可将凉茶作为新品的研发类目。但是这其中也存在一定的问题，凉茶是否能够推向全国各地，其他地区的用户是否能够接受凉茶？

在接下来的调研中，市场部为了了解其他地区的消费者是否习惯饮用凉茶，采用了网上有奖问卷调查的方式，在北京、浙江、内蒙古、新疆、四川和山西等多个省区市展开，根据调查的数据结果显示：70% 的被调查者都没有饮用凉茶的习惯；20% 的用户则认为凉茶属于寒性饮料，不适合养生，所以不会饮用凉茶；10% 的被调查者对凉茶有一定的了解，但是甚少饮用凉茶。

公司市场部负责人和产品部的研发主管在看到数据后一致决定，放弃生产凉茶，改选其他茶类饮料作为新品。

但是在 2012 年 7 月，"正宗好凉茶，正宗好声音。欢迎收看由凉茶领导品牌加多宝独家冠名播出的《中国好声音》"这样铺天盖地的凉茶广告出现在大型歌唱节目《中国好声音》中，一炮打响了中国凉茶的品牌领导者称号。于是，在日常饮料选择中，消费者又多了一种可供选择的饮料——凉茶。

而由于广东宾茶发展有限公司错误判断了市场和用户的需求，最终错失商机，丢掉一个大市场。

雷区分析　错误的市场调研错失商机

广东宾茶发展有限公司在执行决定之前也进行了市场调研，但是却没有进行实地调研，只是在网上开展问卷调查，受访者的群体划分不明确，这就决定了网上市场调研缺乏真实性和客观性，此调研结果不能作为企业生产的决策依据。

市场调研并不是凭空进行的，通常要有章可循，常用的市场调研方法如下。

◆ **观察法** (observation)：是市场调查研究中最基本的方法。它主要是由调查人员根据调研的对象，利用眼睛、耳朵等感官以最直接的方式考察、搜集和整理资料。例如，查看同类产品的包装、价格和市场占有率等。

◆ **实验法** (experimental)：主要用于市场营销和消费者使用实验。调研人员根据调查的要求，在特定的条件和环境下，用实验的方法对调查对象进行实验、追踪和反馈。控制的对象可以是产品的价格、包装或质量。不断改变控制对象来进行实验，最终选择最佳的营销方案和模式。

◆ **访问法** (interview)：是最直接、最有效的调研方法。调查人员要按照事先设计好的调查表或访问提纲进行访问，还要以相同的提问方式和记录方式进行访问。提问的语气和态度也要尽可能地保持一致。这样可以了解不同消费群体对同一商品的看法，便于掌握产品在消费者中的口碑情况。

◆ 问卷法（survey）：是运用得最广泛的调研方法。调研者通过设计调查问卷，让被调查者填写调查表，最终获得所调查对象的信息。在互联网信息时代，网络问卷调查法在市场调查中运用得较为普遍，且更受欢迎。

研究消费者需求

亚伯拉罕·马斯洛是美国著名社会心理学家，1943 年在《人类激励理论》论文中提出：人类的需求像是阶梯一样从低到高，分为 5 种层次，分别是生理需求、安全需求、社交需求、尊重需求和自我实现需求，即著名的"马斯洛需求理论"，如图 3-1 所示。

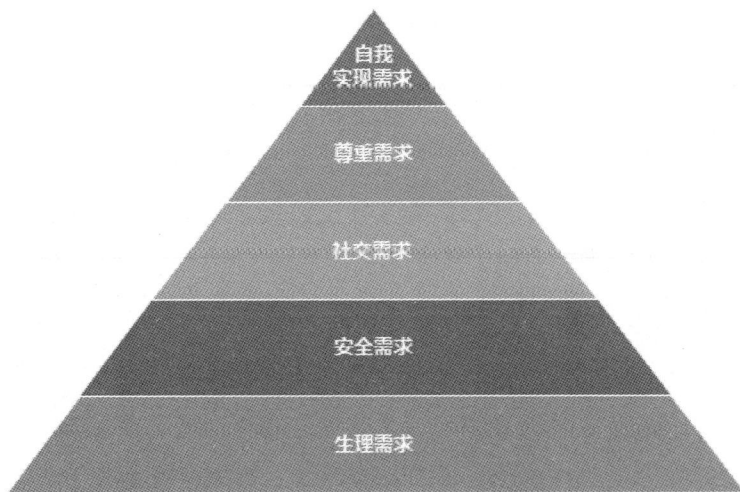

图 3-1　马斯洛需求层次金字塔

企业进行用户需求分析时，要弄清楚主流消费者的需求是什么，不同消费者所处的消费需求层次是什么，以及如何顺利实现消费者的需求。

案例陈述　知名服装厂"吃不透"消费者而战败

嘉兴枫叶红服装厂成立于 2002 年，是一家集服装设计、生产、销售和服务于一体的专业性现代化服饰企业。

企业始终本着"诚信经商、道德经商、创新开拓、铸造辉煌"的运营宗旨，凭借精湛的技术、先进的营销理念、周到的服务和快捷的物流赢得了广大客户的好评和信赖。并且获得了"消费者信得过企业""推动绿色低碳节能环保产业发展杰出贡献企业""2006 年度诚信企业""2009 年度 AAA 级信用企业""中国服装纺织行业最佳雇主企业"等多项殊荣。

企业规模逐渐扩大，从最初的中低端服装承制，到后来的高端服装定制，再到互联网预约私人定制服务，企业所承接的业务范围逐步扩大，成为当地服装行业的领头羊。

枫叶红服装厂专门成立了互联网事业部，该部门主要负责在互联网上推广公司业务，工作内容包括企业官网维护、搜索引擎竞价排名、业务拓展以及新客户的开发。

由于专业团队的操作，公司很快开辟了互联网营销渠道，在 2010 年，服装厂的年度销售额高达 2 000 万元，同比增加 23.18%，其中互联网事业部完成了 863 万元的销售额，占总销售额的 43%。

随着互联网事业部的发展壮大，服装厂加大了对其的投入。由于是各大搜索引擎的竞价排名投入，所以互联网事业部将服装厂的业务推广到全国各地。面对络绎不绝的客源，其销售额再创辉煌。但殊不知，互联网事业部发展过快，对于服装厂也不是好事。

在 2011 年，互联网事业部接到一大宗订单。客户是某大型外资企业，需要为工厂职工定制工作服，在初步的交流后，基本上确定了服装的样式，男女职工工作服均为同一款式，分为冬、夏两套。

很快，服装厂便设计了服装的样式，客户在看过后，指出服装的款式设计太大众化，过于呆板，不符合公司年轻向上的精神面貌。

因此，服装厂的设计师再次针对客户提出的要求进行修改，在修改完成后再次发给客户，客户仍旧不满意，抱怨道："难道服装设计师都是山顶洞人吗？"

面对客户的抱怨，设计师火冒三丈，立马大刀阔斧对服装样式进行了大改动，根本就不顾及公司"客户至上"的发展理念，完全把个人怨气发泄在工作上。

第三次提交设计稿，客户看后同样大动肝火："我们是外资企业，需要的是年轻朝气，不是夜店服！"

最后，订单取消，服装厂损失百万元订单，负责该订单的设计师被解雇，相关主管被扣除绩效奖金。

雷区分析 "吃不透"用户必败

作为知名的服装厂，却因为设计师无法"吃透"客户的需求而损失百万元订单。由于互联网事业部的发展速度过快，导致其他部门没有跟上互联网部门的发展。首先，互联网部门将原本单一的销售渠道扩展到互联网上，使得服装厂接触到各行各业的客户，而不同的客户需求不同，如果设计师缺乏专业的设计技能，就很难满足用户的需求。

其次，设计师素质也会成为影响订单成交与否的关键性因素。在面对客户提出的更改要求后，设计师将个人情绪发泄到工作中，导致客户认为设计师是故意侮辱他们，最终取消订单也在意料之中。

鉴于此，创业者务必要研究透彻消费者的需求。实际上，消费者需求是不断变化的。而影响消费者需求变化的主要因素如下。

◆ **消费者偏好**：由于个体性差异，每个消费者的性格和爱好不同，进而会形成不同的偏好，从而影响其自身的需求。

◆ **消费者收入**：收入的多少往往是影响需求的重要因素。随着消费者收入水平的提高，在供给不变或者是保持增长的前提下，也会引起消费者需求量的提升。

◆ **产品的价格**：产品价格在很大程度上决定了消费者的需求，在市场经济中，产品价格和消费者需求往往呈现出反方向的变化。

◆ **替代品和互补产品的价格**：如果是非必需品，消费者会考虑购买替代品或者是替补品。如果必需品的价格偏高，消费者也会考虑选择替代品或者是互补产品，借以满足需求。

寻找市场的方向要正确

在小商品经济中，商品的生产规模小，产品类目少、数量有限，市场的成交额小，供求比较稳定，且市场竞争不激烈，企业很容易掌握市场的行情和变化。这一阶段的市场调研仅处于原始的、自发的和低级的状态。而在相对发达的市场经济中，商品生产规模扩大，品种、规格和型号繁多，市场供求关系变化大，竞争异常激烈，且市场规模已经突破地域性的限制。因此，企业必须充分掌握市场调研的信息，才能做出正确的决策，其中市场调研的方向是最关键的一个环节。

案例陈述　电信企业耗资千万元的市场调研竟是一纸空文

　　华峰电信科技公司是一家上市公司，其主要为中小企业提供各种增值业务。相对于基础性业务而言，增值业务需要联合公用电信网的资源和其他移动设备共同开发，满足消费者更高层次的需求。因此，电信增值业务必须提供更多周到的服务，使其具有更高的经济效益和价值。同时，每一项业务的开展和推广也具有一定的挑战性。

　　由于通信市场规模庞大，为了获取行业最精准的数据和行情，华峰电信项目部的市场调研扩大了研究范围，包括即时通信、互联网宽带、电子邮件、搜索引擎、在线地图、彩铃和流量等。而针对企业，则制订了详细的方案，如图3-2所示。

电信商务应用标准产品

帮助企业提升通信水平和通信质量的产品和服务，包括语音产品、电路产品、数据产品和应用产品，例如企业邮箱、企业彩铃、企业短信、企业专线和电话会议等

商务应用增值服务

增值服务是指对行业核心应用的解决方案和针对企业特定需求的专项支持服务，例如通信系统升级和远程监控等

商业应用整体服务

整体服务是针对企业需求提供端到端的集电信和IT信息服务于一体的整体信息解决方案

行业应用

围绕某一特定行业需求，提供电信相关的标准化服务方案

图3-2　增值服务的详细方案

在市场调研期间，项目部总共调动了 1 300 万元资金来获取电信增值业务细分市场的详细数据，如图 3-3 所示。

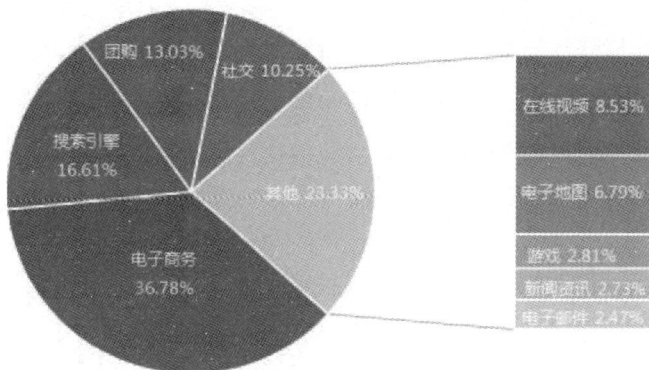

图 3-3　电信增值业务的市场细分数据

项目部在进行了"广撒网"之后，向公司提交了前期的市场调研数据，但是公司的管理层在执行决策的时候却出现了重大的问题。

针对市场前期的调查结果来看：各个行业的数据一目了然，电子商务、搜索引擎、团购和社交这 4 类增值业务占据了大部分市场份额；视频、电子地图、游戏、咨询和电子邮件等业务也占据了一定的市场份额，但是从整体来看，电信增值业务细分市场较为零散，涵盖了电子商务、搜索引擎、O2O 行业、SNS 社交和移动 LBS 等领域，且大多都是公司不熟悉的领域，这无疑增加了公司开发新项目的难度。

另外，此次市场调研的方向出现了偏差，公司的核心客户是中小企业，而调研的方向却面向大众群体，使得调研缺乏针对性，不能够掌握客户的需求。

尽管公司高层多次召开会议，但仍然不能制定出新项目，最终只得宣布该市场调研数据作废。

雷区分析 缘木求鱼，焉能不败

华峰电信科技公司的项目部在市场调研中，尽管投入了上千万元的资金，但是最终却宣布市场调研报告作废。由于项目部门出于保险的原则，实施"广撒网"方法，对电信增值细分市场进行调研，最后获取了大量的行业数据，但是调研所涉及的行业数据并非公司真正需要的，因此，公司不敢贸然进军这些不熟悉的行业，只得放弃对市场调研报告的研究。

所以，创业者要从华峰电信科技公司项目部的调研失败经历中，吸取以下的教训。

（1）市场调研方向性

在市场营销活动中，市场调研作为一种至关重要的手段，方向决定了最终结果的精准性。企业业务不同，服务对象不同，调研主题也不同，因此，企业需要结合自身的实际情况，明确调研的方向，有计划、有步骤地开展调研活动。

（2）市场调研的对象

市场调研对象可分为两类，分别是客户调研和竞争对手调研，具体内容如下所示。

◆ 客户是企业开展经营活动的重要指标，树立"客户至上"的原则，了解客户的需求，熟悉客户亟待解决的问题，维护客户关系，打通客户的社交链，让客户对公司产生"依赖"，进而与企业长期保持良好的合作关系。

◆ 调研竞争对手也是市场调研的重要环节之一。企业通过对竞争对手的产品和服务进行调研，了解竞争对手的营销战略战术、营销渠道产品的优劣势以及市场发展计划。

勿扎根竞争激烈的行业

市场竞争是市场经济最基本的特征，在"互联网＋"浪潮推动下，企业为了争取到更好的产销条件，获得更多的市场资源，扩大企业的市场占有份额，会加大内部的管理力度，优化各项管理措施，最终实现生产要素的优化配置，因此，行业之间的竞争加剧。如果企业没有进行市场调研，贸然扎根竞争激烈的行业，即使是大型企业，也可能会遭遇失败。

案例陈述　知名产品含着金汤匙出身，却斗不过草根

欣娜化妆品有限公司（简称"欣娜"）成立于 1988 年，总部位于中国香港，是一家集研发、生产、销售和服务为一体的综合性化妆品企业，一直引领着化妆品行业的潮流。欣娜旗下的产品涵盖了彩妆、护肤及个人用品等多个领域，旗下拥有 35 家省级营销中心，形成了 B2C 平台、KA 卖场、CS 专卖店和百货商场等渠道相互作用的营销体系。

在 2016 年第一季度，欣娜发布了该季度的营收数据：营业收入为 1.59 亿元，同比增长 16.28%，环比增长 29.57%，营收与业绩增速明显高于去年同期。

与此同时，欣娜并没有放慢前进的速度，公司决定拓展领域，建立多行业齐头并进的宏伟布局。经过总部高层之间的研讨会商议决定进军日用品行业，因为欣娜有一个"一站式销售"梦想：一位家庭主妇站在商场中的欣娜专区，一站式选购了同一品牌的洗发水、护发素、沐浴露、牙膏和牙刷，让消费者的购物行为从选择产品转变为选择品牌。

因此，欣娜以 8 000 万元的价格全资收购了一家日用品公司，一方面，弥补自身在日用品行业的不足；另一方面，

进一步加快企业多领域的涉足。在完成收购之后，欣娜已形成个人洗护产品立体的梯队，开启了向日化领域扩张的道路。

在2010年，欣娜推出了第一款高端牙膏，在众多的品牌牙膏中，欣娜的"空降"让业界无不刮目相看，打破了牙膏行业"贱价"售卖的低迷局面，截至2010年年底，销售额累计突破9 000万元，改变了整个行业的格局，并且引领众多日用品企业纷纷进军中高端领域。

由于欣娜成功打造了一款中高端牙膏，其继续抢占日用品市场，随后打造了品牌洗发水，以此彰显了欣娜欲挑战日化产品界霸主的雄心。

欣娜继续采取中高端路线打造新款洗发水，于2012年1月正式上市，主打中草药配方护发调理。产品的定价高于市场上同类产品，在上市期间进行了铺天盖地的推广，但出乎意料的是，消费市场的反应始终平淡。于是，欣娜继续加大宣传力度，在2012年第二季度，推广费高达300万元，但是销售额却始终低迷。

消费者对该款洗发水的接受度不高，使得其始终不能打入市场，欣娜公司渐渐陷入了一种很"尴尬"的局面。洗发水行业竞争激烈，消费层级分级明显，中高端层级消费者习惯了其他品牌的产品，而低端层级消费者则无法接受产品的价格，因此，产品在市场竞争中毫无优势，最终，产品被市场"孤立"。

在第三季度，欣娜公司为了拯救产品不温不火的局面，专门创立了全新的电商部门，调派了一部分优秀骨干员工担任部门主管，同时，也大量招聘优秀的外部人才。在天猫、京东、一号店和苏宁易购等电子商务网站开设了旗舰店，以此增加产品的营销渠道。相比于前两季度的销售情况，处于培育期的洗发水销量仍然不尽如人意。

在第四季度，欣娜内部管理层召开季度会议，针对洗发水不温不火的局面，决定适当减少对其推广费的支出，继续保持和控制产品的品质。此外，加大了对其他新产品的研发力度，变相接受了该款洗发水推广失败的事实。

雷区分析　行业竞争激烈程度决定了新产品的存亡

欣娜在成功打造了高端牙膏之后，为何不能继续成功打造洗发水的神话？由于市场的消费层级已经形成，中高端层级消费者习惯了选择其他产品，而低端层级消费者对于价格很敏感，所以，欣娜推出的新品难以打入市场，产品的投资回报率非常低，公司不得不暂停新品的推广。

从欣娜的新品研发和推广来看，创业者有着多方面经验可以借鉴，尤其是关于市场竞争程度的调研。

（1）如何应对产品的天花板

任何一款产品都有"天花板"。所谓天花板，是指行业的产品发展到一定阶段后，市场的产品规模已经达到饱和状态，即使企业投入再多的推广费用，市场占有份额也难以达到一个新高度。

而在该阶段中，企业最需要做的是严把产品的质量关，保持产品在消费者心中的口碑，为产品在后期打入市场奠定群众基础。如果在此期间产品出现了任何负面评论，企业需要在第一时间内解决问题，以免对企业的形象和声誉造成负面影响。

（2）寻找企业的蓝海市场

当产品已经达到"天花板"后，企业要启动和保持获利性增长，就必须超越产业竞争，开创全新市场，寻找新的蓝海作为企业的新增长点。现代市场主要分红海和蓝海两个领域。红海表示现今存在的所有产业，也就是我们已知的市场空间；蓝海则表示还不存在的产业，即未知的市场空间。

在竞争异常激烈的红海市场中，对于中小企业而言，如果和大型企业"硬碰硬"竞争，最终只会陷入血雨腥风的红海之战中。而转战探索蓝海市场，企业能够获取到持久性、获利性增长的概率则更大。

（3）如何制定竞争策略

在任何一个行业都有竞争，企业要想增强自身的竞争能力，首先需要掌握最基本的竞争策略，具体如下所示。

◆ **质量策略**：指企业以高质量作为核心竞争力，致力于向外界塑造高质量的产品形象，以质量取胜。

◆ **成本策略**：指企业以低成本作为竞争手段，减少产品的生产成本、销售成本、渠道成本和推广成本等，使自己的产品在同行中占据一定的优势，更容易打入消费市场。

◆ **差异策略**：指产品在某方面具有独到之处，和竞争对手形成了明显的差异。差异策略主要包括产品性能、质量、商标、型号、产地、生产技术、生产工艺、使用原料、销售渠道以及售后服务等。

◆ **创意策略**：指企业敢于创新，打破行业的守旧规则，生产出更符合市场需求的产品。

知彼知己，百战不殆

《孙子·谋攻篇》讲道："知彼知己，百战不殆；不知彼而知己，一胜一负；不知彼，不知己，每战必殆。" 意思是说，在军事战争中，如果既了解敌人，又了解自己，百战都不会有危险；如果不了解敌人而只了解自己，胜败的可能性各半；既不了解敌人，又不了解自己，那每战都会战败。同理，在创业过程中，如果创业者既不了解竞争对手，也不了解自己，则很有可能会面临创业失败的风险。

忽视竞争对手必败

在瞬息万变的市场环境中，谁先掌握了市场先机，谁就掌握了竞争对手的动态，也就掌握了竞争中的主动权。一个行业中有众多的竞争参与者，但是并非每个竞争者都是企业的竞争对手。那么，什么样的企业才能称得上竞争对手呢？只有那些能够与企业相抗衡的竞争参与者才能被称为竞争对手。但是大部分创业者往往会因为初期的成功而忽视了竞争者，最终反而被竞争者超越，这样的案例并不在少数。

案例陈述　电商巨头 eBay 败走中国

2006 年 12 月，eBay 关闭了中国拍卖网站，取而代之的是一家由 TOM 在线控股的合资公司。这一行为表明，曾经霸占了中国电子商务市场的大型电商平台正式退出了中国市场。分析师蒂姆·博伊德表示："这一行为意味着 eBay 已经承认在中国市场以失败告终，至少无法独立发展。但我认为，市场早已证明了这一点。"

在中国，只要提到 eBay，给人最深刻的印象有两个，一是电子商务界的传奇；二是跨国企业败走中国的反面教材。

eBay 于 1995 年 9 月 4 日由 Pierre Omidyar 以 Auctionweb 的名称创立于美国加利福尼亚州，用户可以在 eBay 平台上拍卖商品，这一模式的推出受到了广大用户的喜爱。在 1997 年 9 月，公司正式更名为 eBay。

在 1999 年，eBay 开始全球扩张，初次登录点是英国、德国和澳大利亚。在 2000 年，开始进攻日本和加拿大市场。截至 2001 年，eBay 平台已经遍及美国、德国、英国、澳大利亚、日本、法国、加拿大、意大利和韩国等多个国家。在全球化扩张取得战略性的胜利后，eBay 最终把扩张目的地指向中国市场。

在 2002 年，eBay 开始进入中国市场，以 3 000 万美元收购了中国最大的拍卖网站易趣网 33% 的股份，高调宣布进入中国市场。2003 年，eBay 又以 1.5 亿美元收购了易趣网余下的 67% 股份，使其成为 eBay 的全资子公司。

由于 eBay 在中国大陆市场一枝独秀，占据了中国电子商务市场 80% 的市场份额，其 CEO 惠特曼曾信誓旦旦地保证："中国市场 eBay 必须拿下。"于是，eBay 开始了大规模的市场推广，并且还和三大门户网站——新浪、网易和搜狐签订了排他性协议，封杀淘宝网和其他的电子商务网站。面对 eBay 如此疯狂的"扫射"，中国电子商务市场理应是 eBay 的囊中之物，但是出乎意料的是，eBay 并没有阻止到以淘宝网为代表的 B2C 网站的崛起。

eBay 在全资收购易趣之后，其工作模式完全复制美国模式，将服务器搬到美国，且将网站的风格改成全球的统一模式，这一行为引起了大部分中国用户的"水土不服"。

在战略调整方向上，eBay 需要层层向上级汇报工作，由于机构臃肿，反应迟钝，导致工作汇报效率低下。因此在该过程中出现了漏洞，给了淘宝生存的契机。

在关于店铺收费制度上，eBay 始终坚持收费模式，并且声称"免费不是商业模式"。面对竞争对手出现的致命性漏洞，淘宝借机推出了免费开店模式，短期内吸引了成千上万的中小卖家在淘宝网上开店，突破了 eBay 的封杀，成功地实现了逆转。

事实证明，免费模式更加适应中国国情，在淘宝网等本土公司的冲击下，eBay 的反应却相当缓慢，直至 2005 年才调整相关费用制度。在此阶段，中国大量的电子商务网站纷纷成立，eBay 下调费用的举措根本无济于事。

2005 年，eBay 的市场占有份额下降到 24%，且每况愈下。在 2006 年年底，eBay 转让了 51% 的股权给 TOM 在线，并且只留下中国中小企业卖家和全球买家的出口业务。在 2012 年 4 月，易趣网成为 TOM 旗下的全资子公司，不再受到 eBay 的管理和约束。

雷区分析　你忽视的竞争对手，可能会在不久后击败你

2003 年初期，eBay 占据了中国电子商务 80% 的市场，而 eBay 的最大国际竞争对手在 2004 年才进入中国，该阶段的电子商务网站才刚起步。但是 2005 年，eBay 的市场占有份额急剧下降至 23%，在 2006 年黯然退出中国市场。在短短的 3 年中，电商巨头在华经历了大起大落，究竟为何会出现这种结局呢？

因为 2005 年，淘宝网实施了免费开店的创业策略，吸引了大批中小卖家入驻，截至 2005 年年底，淘宝网占据了中国电子商务市场 57.7% 的市场份额，遥遥领先于 eBay。此外，同期的拍拍网、当当网和京东商城等电商平台迅速崛起，加大了市场的竞争力，最终导致 eBay 退出中国市场。

（1）透彻研究你的竞争对手

马云之所以能够率领淘宝击败 eBay，其中最核心的原因就在于对竞争对手的了解程度，正如他所说："我们与竞争对手最大的区别就是我们知道他们要做什么，而他们不知道我们想做什么。"

淘宝网长期研究 eBay 在世界各地的扩张行为，研究对手擅长的管理手段、接招特点及存在的缺陷。淘宝对于 eBay 的了解远远超过 eBay 的想象。

创业者在创业过程中，切忌妄自尊大、目中无人，轻视竞争对手的结局往往都是失败。在商场中，很多项目本身看起来都是十拿九稳的，但是最终的结局却是失败，这与创业者的态度无疑有很大的关系。

（2）商场如战场，骄兵必败

在关于创业的过程中，马云曾告诫创业者："我们做企业的，每天都

如履薄冰，对每一个项目、每一个过程都要非常仔细。所以请大家注意，不管你拥有多少资源，永远要把对手想得更强大一点。哪怕对手非常弱小，你也要把他想得非常强大。"

商场如战场，骄兵必败。看似不经意的疏忽和纰漏就可能导致创业陷入窘境，严重的甚至会使企业破产。作为创业者，不仅要具备商业头脑，还要学会正确地评估对手，不可轻视对手，以谨慎的心态来面对对手的每一次出击，才能稳操胜券。

知己是战胜对手的前提

企业在进行创业的时候，首先要"知己"，即清楚自身的优势，了解存在的劣势，并且通过各种方法来进行改进。但是在具体的创业过程中，优势和劣势会随着市场的竞争发生一定的变化，因此，"知己"并非一次性就能完成的事儿，需要在竞争过程中不断反馈，不断调整，最终达到最佳的状态。

案例陈述　纸制品厂改革创新，却以失败告终

西安元亨纸业有限公司成立于 1994 年，主营卷筒纸、餐巾纸、面巾纸和成品原纸。经历了 20 多载风雨，建立了完善的采购、生产和销售体系，凭借良好的市场信誉成为消费者信赖的产品。

2008 年，元亨纸业的生产量为 35.13 万吨，同比增长 3.49%；销售额高达 3.95 亿元，同比增长 6.79%。在生活用纸的品类中，面巾纸的市场需求量最大，其销售额占据了 63.52%，餐巾纸和卷筒纸占 26.17%，其他类型的纸产品占据 10.31%。

为确保面巾纸的质量，企业面巾纸所用的纸浆都是从巴西进口的。2008 年，面巾纸的纸浆进口总量达到 500 多万吨，进口纸浆的平均价格为 600 美元／吨，同比增长了 16.85%。

由于原材料、燃料和关税影响采购价，最终采购价整体上涨 3.82%。成本上升对企业的毛利影响约为 8%。因此，在 2008 年上半年，元亨纸业将产品的价格上调 5%；在 2009 年，再次将价格上调 5%。

因为产品的价格连续上调，市场的反应比较激烈。在产品第一次上调价格后，产品的年度销售额下降 2.3%。经市场调研发现，大部分产品的忠实消费者都认为价格偏贵，但是仍然会购买；第二次上调价格后，年度销售额下降 5.8%，市场占有份额直跌 6.8%。

这一组数据直接为元亨纸业亮起了一盏"红灯"。面对惨淡的销售额，公司的管理层召开紧急会议，制定应对措施和改善计划。

由于面巾纸是整个公司的"顶梁柱"，一直以来占据了销售额的半壁江山，且长期处于稳定的状态。但是关键性的问题在于：面巾纸使用进口原浆，所需要的成本巨大，是其他纸制品成本的 3～5 倍。进口成本逐渐增加，一旦提升产品的市价，就直接影响到产品的销售额和占有份额。经过公司管理层的讨论之后，决定自主生产面巾纸的原浆。

虽然元亨纸业也自主生产过原浆，但是一直采用竹浆，成本仅为 1 000 元／吨，主要用于生产餐巾纸和卷筒纸，而面巾纸主要采用进口的原生木浆。尽管元亨纸业意识到这个问题，管理层认为消费者不会察觉到这个细微的变化，因此，仍然决定自主生产原浆，并且委托制造商大批量生产。

为了提升面巾纸的市场竞争力，元亨纸业将面巾纸的价格下调了 2%，原以为自主生产的纸品会很快被消费者接纳。但是，剧情却出现了大反转，元亨纸业收到了大量消费者的投诉电话，"面巾纸造假，用着不舒服""纸中掺杂了其他东西""便宜无好货，面巾纸用了过敏"……

在铺天盖地的"讨伐"声中，元亨纸业不得不召开新闻发布会，说明这批面巾纸采用竹浆为原材料，以往是采用原生木浆为原材料，产品经过严格质检，绝对无次品。如果在使用后产生任何不良反应，公司务必会赔偿损失。

最终，元亨纸业为了保持市场占有率，维护企业的形象，不得不放弃自主生产原浆，依旧使用天价的进口原浆。

雷区分析　不知己的创新改革，只是竹篮打水一场空

元亨纸业的面巾纸属于企业的中高端纸品，为企业创造了巨大的利润，因为都是采用巴西进口的原生木浆，所以优质的质量赢得了消费者的信赖。但是随着原生木浆的成本增加，元亨纸业为了节约成本而采用竹浆生产面巾纸，但是消费者却察觉出细微的变化，纷纷投诉元亨纸业造假，使得企业不得不仍采用进口原浆。从元亨纸业创新的案例中，创业者要吸收一定的经验教训。

◆ **创业忌讳不知己**：在创业过程中，创业者需要进行大量的实践，从中摸索出创业的方向，并且还需要进行创新和改革，但是前提是清楚自身的实际情况，量体裁衣，决不能盲目创新。

◆ **创新必须照顾到消费者**：从元亨纸业的创新来看，企业有自主生产和创新的意识固然是好事，但是没有照顾到消费者需求，被消费者误认为是"造假"，差点搭上企业的信誉，这实在是得不偿失。

知彼是战胜对手的必要条件

在战争中，"知彼"这一原则运用得很广泛。在"第二次世界大战"期间，希特勒制订"台风"计划，企图在 3 个月内灭亡苏联。军事顾问哈尔德提醒他，进攻莫斯科之时正值俄国秋冬季，建议德军战略后方生产防寒用具。但是狂傲的希特勒却认为在冬季到临前就会占领莫斯科，无须任何防寒工具。

10 月中旬，东欧平原秋雨连绵。数日之内，公路变得泥泞不堪。德军数以万计的坦克、装甲车和汽车陷进烂泥地。11 月中旬，气温骤然降至零下 40 摄氏度，德军又一次陷入了艰难的境地，火炮的润滑油被冻住，步枪枪栓被冻油卡死，坦克没有防滑器，在雪地上打滑，德军士兵被冻得浑身麻木，甚至是残废，伤病损失比战场上的损失还要严重。

希特勒在不知彼的情况下悍然发动"台风"计划，之后斯大林格勒保卫战成为"第二次世界大战"的转折点，苏联最终赢得了"第二次世界大战"的胜利。

相应地，在创业中，"知彼"依然适用。创业者在分析竞争对手的时候，需要分析到方方面面，因为哪怕是一些细微的外在因素，也可能成为创业者的重大威胁。

案例陈述　电信翼支付的推广举步维艰

电信翼支付是中国电信旗下运营的支付品牌，于 2011 年 3 月成立。电信翼支付作为进军支付金融领域的全新品牌，按照常理来说，凭借母公司的庞大用户资源，很快能够发展成为第三方支付的新生力量。

但是翼支付在移动支付市场的占有份额却是另一番景

象，如图 3-4 所示是 2016 年第一季度第三方移动支付市场
占有份额情况。

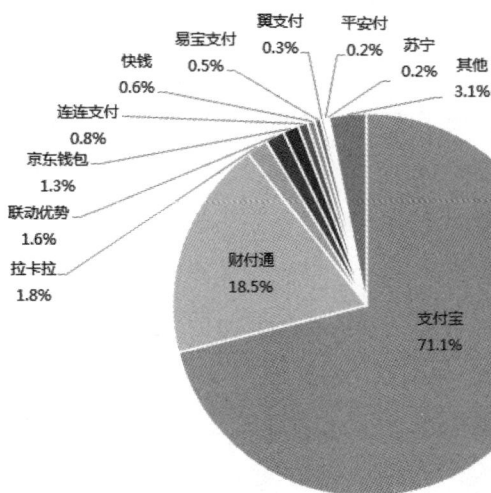

图 3-4 2016 年第一季度第三方移动支付市场份额分布图

在 2016 年第一季度的第三方移动支付市场份额分布中，
主要分为 3 个梯队，第一梯队中，支付宝一枝独秀，占据
了 71.1% 的市场份额；第二梯队则是腾讯的财付通，抢占了
18.5% 的份额；第三梯队则是以拉卡拉为首的第三方支付平
台，而翼支付仅占据了 0.3% 的市场份额，位列第 9 名。

从市场的整体情况来看，翼支付始终是在夹缝中求生存。
首先，前有强敌不可挡。支付宝依托淘宝网巨大的资源，近
年来加大了线下的支付场景，稳居第三方支付霸主的地位；
而财付通则借助微信和 QQ 两座大山的庞大用户资源，在社
交支付环节埋兵布阵。

其次后有追兵。平安付和苏宁与翼支付的差距极小，有
赶超翼支付的潜力，因为苏宁易购的易付宝依托于广大的用
户资源；而平安付则借助于强大的线下销售团队。

翼支付属于移动通信平台的支付模式，移动通信运营商始终处于主导地位，将银行的参与程度降到了最低。此举是翼支付出于自身技术能力的考虑，这就直接决定了翼支付在移动支付市场中仅仅是"小打小闹"。

此外，线下支付推广是移动运营商支付模式最薄弱的环节。尽管翼支付和银联商务、通联支付和杉德银卡通建立了线下 POS 机的合作机制，但是用户并不买账，吐槽翼支付客户端的用户体验差、不能提现和客服态度差。因此，翼支付在前有强敌、后有追兵的情况下发展极为艰难。

雷区分析　不知彼的贸然进军，最终只会落得溃不成军的下场

尽管翼支付借助了中国电信的庞大用户资源，但是最终在不知彼的情况下进军支付市场，由于支付宝、财付通已经占据了市场 90% 的资源，而剩下的 10% 资源也被其他的第三方平台争得头破血流，翼支付最终也只能艰难前行。所以，创业企业需要利用一定分析工具分析竞争对手。

- ◆ **竞争对手分析工具**：是一个系统性地对竞争对手进行思考和分析的工具，主要目的是估计竞争对手可能采取的战略，从而有效地制定自己的战略方向及战略措施，这其中包括扩展获取竞争对手情报来源的渠道、建立竞争对手数据分析库及制定竞争对手应付机制和战略计划。

- ◆ **竞争对手分析**：创业者需要对现在或者将来可能产生重大影响的主要竞争对手进行深入分析，即分析现有竞争对手和潜在的竞争对手。其分析的指标包括数据分析、情报分析、战略分析、职能分析和目标任务分析。

LESS⊙N ④

FROM THE FAILURE

商业计划书，创业的指挥官

　　商业计划书是企业为了达到招商、融资、上市或者其他目标，严格按照一定的格式和内容而撰写的面向受众群体的书面整理资料，展示项目和企业目前的状况以及未来的发展潜力，进而实现企业发展的目的。因而对待商业计划书要十分重视，避免进入一些误区之中。

识别商业计划书的陷阱

创业者并不是单指自主创建公司的创业群体，也包括投资创业的群体。投资创业者通过寻找有潜力的企业进行投资，而对于迫切需要创业资金的企业而言，只能通过商业计划书吸引投资者。因此，商业计划书的重要性不言而喻。但是，在商业计划书中往往存在着种种陷阱，投资者需要辨别这些陷阱。

隐形债务也能压垮骆驼

隐形债务也被称为"潜在债务"，这种债务在企业的财务报表中无法体现，或者是当时尚未预见，但是会在后续事项中逐步明朗化，例如，担保债务、违约债务、产品缺陷债务及职工补偿金等。由于各种原因未被计入企业财务报表中的应付款或者是遗落的其他债务。

通常情况下，企业的财务报表是投资者最关注的，如果融资企业将企业的财务报表搞得神神秘秘，就极有可能会出现问题，尤其是企业中存在的隐形债务，这更应该引起投资者的重视。

案例陈述　　隐形债务差点毁掉庞大的家电企业

　　周记电器是揭阳市著名的大型私营家电企业，已历经四世，根基雄厚，周启明正是周记电器的第四代接班人。

　　因为周家从祖辈就开始经营家电，对于家电的营销有着独到的运营和管理理念，且始终秉承"诚信经商"的原则，使得周记电器在竞争激烈的市场中始终能够站稳脚跟。

　　由于周记的规模不断发展壮大，尤其是在周启明上任后，勇于尝试和挑战全新的市场营销机制，将周记的生意版图拓展至包括潮州市、汕头市和揭阳市在内的潮汕市场。

　　周记电器长期霸占了榕城区家电的第一把交椅。但是随着周记电器的野心不断膨胀，周启明逐渐开始看着同一条街的同行分外"碍眼"，于是，收购的念头产生了。

　　随后，一家小型的家电公司在一个月内被周记收购，周记将该门面作为售后服务中心，组建了专业的售后服务团队，为消费者解决消费过程中出现的各种问题，这一举措赢得了消费者的一致好评。

　　初试水取得成功后，更是刺激了周记的扩张野心，其将灼灼的目光盯住一家中型的家电企业——张记电器。由于张记电器长期苦苦挣扎在"温饱线"中，为了避免被收购的命运，市场总监在内部会议中献计：撰写商业计划书，让周记向我们投资，既能够避免被收购，也能利用周记的资金打通企业的资金链。

　　于是，张记电器企业派出了谈判人员向周记谈判，在谈判过程中，张记电器避开了收购的话题，将谈判的重心转移到融资方向，并且向周记电器承诺："周记电器向张记电器融资5 000万元，成为张记电器的第二大股东，坐享年终分红，运营和管理都由张记电器负责。"

周记电器的收购负责人被天花乱坠的商业计划书冲昏了头脑，竟然没反应过来这是一个圈套。周记电器又查看了张记电器的财务报表，没发现任何的财务危机迹象，因此，最终决定向张记电器融资5 000万元，成为张记电器的股东。

张记电器长期处于收支平衡的经营状态，其将5 000万元用于扩展市场业务。但是市场推广计划存在巨大的漏洞，5 000万元很快被消耗一空，还背负了大量的债务。为了隐瞒财务危机，张记电器在财务报表中动了手脚，暂时瞒过周记电器的监督。

当周记电器的市场部发现张记电器的财务问题的时候，张记电器已经深陷"债务泥沼"之中，周记电器投资的5 000万元打了水漂。为挽回损失，周记电器收购并且重新整顿张记电器。但是周记电器又再次犯错，忽略了收购中的隐形债务危机，由于张记电器向外借了大量的债务，债主纷纷上门讨债，周记电器不得不先将这部分债务解决了。在此期间，周记电器一度陷入资金链紧缺的状态，好在公司积累了大量的原始财富，有惊无险，渡过了这一难关。

雷区分析　小债务，大危机，需加强识别危机的能力

周记电器作为祖辈创业成果的传承，经过了四世，证明了周记拥有较强的运营能力和管理经验。周启明是第四代接班人，并没有按照祖辈的经验来管理企业，敢于尝试，勇于创新，在扩展周记电器的事业版图过程中，取得了初期性的成功，但是扩张过程中由于忽略了隐形债务的危害，使得公司深陷债务危机中。

从根基雄厚的企业收购过程来看，其中存在着一定的问题，这也值得创业者借鉴，具体内容如下。

（1）隐形债务存在的形式

许多企业在经营过程中往往会积累大量的隐形债务，对于投资者而言，这些债务就像一颗定时炸弹，可能使自主创业者和投资创业者都遭受重大的资金损失。通常情况下，隐形债务主要有 3 种形式，如图 4-1 所示。

第一种	企业的担保债务

在企业改制中对原企业提供的担保，由于企业的管理不规范，很难从企业财务报表中反映出来。在改制之后，债权人提起诉讼，才发现隐形债务

第二种	挂靠单位的隐形债务

企业在改制后，挂靠企业无力承担时，被挂靠企业也会承担连带责任。被挂靠的企业的主管和相关负责人也会卷入债务危机中

第三种	侵权损害引发的隐形债务

由于企业法人和工作人员在经济活动中给他人造成侵权，且赔偿数额巨大，很容易造成重大的债务危机

图 4-1　隐形债务的存在形式

（2）隐形债务的排查

由于隐形债务不同于明显债务，具有隐蔽性和复杂性的特性，如果投资创业者在评估企业项目的时候忽略了隐形债务，无疑会增加创业的风险，那么投资创业者如何排查企业隐形债务呢？

◆ 对于可能发生的隐形债务项目和渠道进行清查，一定要清查企业的改制担保事项。

◆ 清查不具备入账要求而在账外循环并既成事实的事项。

◆ 清查合同，了解是否存在财产或权益方面的潜在债务事项。

摸清融资方底细

对于任何一家公司，经营活动都或多或少存在着一定的风险。单从投资者的角度来考虑，由于缺乏对企业的了解，只能凭借商业计划书描绘的"美好未来"进行投资，而有的皮包公司则正是抓住这一点行骗，最终致使投资人血本无归。因此，投资人在投资之前一定要先摸清对方的底细。

案例陈述　知名家装企业竟然被骗百万元项目资金

由陈松和两个朋友合资500万元成立的艾丽家装修有限公司，在2009年6月正式营业，艾丽家价格公道、服务上乘，很快，在竞争激烈的家装市场中突破重围，占据了一席之地。

2011年年底，两位合伙人宣布退出，为了维持公司的正常运作，陈松急需1 000万元的资金，但是在短时间内无法筹集到这笔资金，这让他非常着急。

2012年2月，陈松到上海出差，偶然看到报纸上刊登的创业项目融资的广告，于是，陈松按照广告的地址，找到了美国亿融资担保有限公司驻上海办事处。对方提出，只要出具公司的营业执照、法人代表证和税务登记证等相关材料，在10天内即可申请1 000万元的融资。

陈松与亿融资公司签订了一份《中小企业创业融资协议合同》，在合同中明确提出："合同自签订日生效，在合同期内，如果乙方违反上述规定，甲方便有权要求乙方赔偿甲方合同总价100%的违约金，该违约金不足以弥补甲方的经济损失时，甲方保留继续向乙方追偿的权利。"

由于陈松急需项目融资，忽视了附件中的霸王条款。这就为后期的项目融资埋下了隐患。

在签订了合同之后，陈松就开始执行亿融资为中小企业项目融资制定的流程。陈松按照亿融资为他找的一家企业制订的商业计划书行事，然后再由亿融资推荐的第三方资产评估机构对陈松的公司资质进行审查和核实。

在完成公司的资质核实之后，陈松支付了 10 万元的评估费。但是第三方资产评估机构认为陈松的公司存在风险，需要缴纳 100 万元的保证金。

陈松稍有迟疑，但是亿融资劝说："如今，你公司的运营已经出现了困难。为了保证你有偿还贷款的能力，我们需要收取一定的保证金，在融资成功后，保证金连本带息返还。"

陈松又东拼西凑，筹集 100 万元资金，并且提交了公司的相关证明信息，然后满怀希望地等待融资的消息，但是半个月过去了，却无半点消息。

陈松再一次上门去找亿融资的客户经理，亿融资的回复是："你们的公司在经营管理上存在重大的问题，不符合融资的条件，还需要进行整改。"

又过了一个月，陈松还没有获得融资，他怀疑上当了，就去亿融资上海办事处找客户经理理论，欲讨回 100 万元的保证金，但是亿融资却拿出当时签订的合同，陈松才发现合同中隐藏的霸王条约，暗悔不已，当初自己没有仔细看合同就草率签名了。

陈松为了讨回 100 万元的保证金，急忙报警求助，根据警方的调查发现，美国亿融资担保有限公司根本就是一家空壳公司，已经携款而逃。因此，公司的项目融资由于缺乏资金而迟迟不能动工，错过了最佳商机，对公司的发展造成了重大的经济损失和阻碍。

雷区分析　创业融资之前，务必先摸清对方的底细

陈松为何被骗百万元的项目资金？其原因在于公司的资金链断裂，导致新的项目无法开展，因此，陈松急于在短时间内获得项目融资。而在此次融资的过程中，陈松多次犯错，第一，在报纸上看到融资消息，没有核实投资方的背景就直接签订合同；第二，陈松在签订合同时没有仔细看合同内容，忽略了合同中的霸王条约；第三，融资的商业计划书和第三方资产评估机构都是亿融资找的托儿，而陈松没有意识到，反而相信评估机构，缴纳了百万元保证金。所以，陈松被骗的结局也是可以预料到的，而创业者需要从创业融资的案例中吸取血的教训。

这需要融资方掌握一些识破投资方骗局的方法，比如，骗子公司如何识别？常用的手段有哪些？该如何防御这些骗局？这都是创业者的必修课。下面就介绍如何识破骗子公司的手法和骗局。

◆ **注册公司**：美国、新加坡和西班牙等国家都是经济自由化，公司注册条件比较简单，一般不要求注册资金，这样在工商局网站就无法查到公司的信息，如果看到"美国亿融资担保有限公司"之类的企业，就需要提高警惕。

◆ **公司落地**：办事处往往是由代理公司办理，只能处理一些联络事务，因此骗子常以办事处为幌子掩人耳目。

◆ **愿君上钩**：骗子以"高融资、低利息、放款快"为诱饵吸引创业者上钩，同时会和创业者签订具有法律效力的投资意向书和合同，而合同中往往隐藏着霸王条约。

◆ **找托演戏**：如果创业者上当了，骗子公司就会找托演戏，要求创业者进行资产评估，骗取创业者的信任，进而骗取大量钱财。

新项目需要专利申请

专利是专利权的简称，是指专利权人对创造发明独享的权利，国家依法在一定时期内授予发明创造者或者是其权利继受者独占和使用发明创造的权利。专利的申请是市场经济条件发展的产物，凡是具备专利申请条件的创新发明都可以申请专利，以获得国家的法律保护。

任何一种成功的商业行为，除了有成熟的商业模式、优秀的团队、过硬的技术和累积的经验，还必须有创新型的自主专利隶属。但是，在实际的创业过程中，创业者往往忽视了自主专利的申请和保护，最终吃了大亏。

案例陈述　熬夜加班却为他人做"嫁衣"

江苏金鑫电子设备厂（以下简称"金鑫电子"）是一家专门从事家电零部件制造和生产的企业，为国内的家电企业提供了各类家电组件，因此，金鑫电子在全国拥有广泛客户资源。

近日，金鑫电子接到了一笔大单，客户是国内某知名的家电品牌，该客户开门见山提出订单的要求。根据市场调研反馈结果，噪声一直是困扰着用户的一个大问题。但是洗衣机需要靠电机带动内筒运转，难免产生噪声，而消费者希望市场能够出现一款低噪声的洗衣机。

金鑫电子为了争取到这个大客户，在接到任务之后，项目部、研发部和市场部联合发力，两个月后，熬夜加班研发出了改良的方案。

电机是一台洗衣机的心脏、洗涤动力的来源。如果改良动力装置，将会产生较大的改变。金鑫电子研发出了 DD 变频机，DD 是直驱电机（Direct Driver）的简称，其可直接与运动装置连接，省去了减速剂、齿轮箱和皮带等连接部件。

DD 变频机最大的好处就是替代了皮带等高故障率的传动装置，打破了传统的用皮带作为介质的运转方式，而用电机直接驱动。使电机效能达到传统电机的 16 倍，节能 35% 左右。同时 DD 直驱电机去掉了皮带和皮带轮等部件，解决了滚筒洗衣机震动强、噪声大的难题。

此外，DD 变频机采用的是变频器，是利用电力半导体器件的通断作用将工频电源变换为另一频率的电能控制装置。而变频的最大优势就是能够让洗衣机的转速随洗涤衣物重量、洗涤水量和洗涤环境等情况进行适当调整，从而有效减缓响声和震动，静音效果明显。

而金鑫电子缺乏自主专利的保护意识，在新技术研发成功后就迫不及待向客户展示，客户看后十分满意，按照协议书支付了相关的技术研发费，但是却未要求金鑫电子批量生产，反而不动声色地将技术报告单带回公司总部，总部立即申请了"DD 变频机"专利。

当天，总部为了配合新洗衣机的上市，将"DD 变频技术"作为卖点，在各大主流媒体中纷纷报道该项新技术，成功地为洗衣机营造了良好的新技术效应，洗衣机一上市就受到消费者的欢迎，长期占据了 DD 变频低噪声类洗衣机的市场。

金鑫电子在看到相关的报道之后，决定起诉该家电企业正在使用的专利，申请要回专利的所属权，要求停止侵权并赔偿技术损失费，但是在一审中，法院驳回了金鑫电子的诉讼请求。因为该家电企业已经申请了该项技术专利，且按照协议支付了技术研发费。

雷区分析　没有专利保护意识的企业会吃"哑巴亏"

金鑫电子因为缺乏自主专利保护意识，最终为他人做了"嫁衣"。如果金鑫电子稍微有点"心眼"，就能看出其中的端倪。当客户带着资金找上门来，直接说明了需要改良的产品，3 个部门熬夜加班研发出了新技术，客户直接支付了新技术的研发费，即买断了新技术的所有权。因此，金鑫电子在一审中就被法院驳回了诉讼请求。创业者要从金鑫电子为他人做"嫁衣"的行为中吸取一些教训。

专利作为一种无形的资产，具有巨大的商业价值，企业通过应用专利可以获得长期的利益回报，这也是提升企业竞争力的核心手段之一。保护好企业专利的重要性如下。

- ◆ **独占市场**：技术或者是产品在申请了专利后，就相当于独占了整个市场，未经专利人许可，任何人和机构都不得生产、销售和使用该项专利。因此，专利权有占领市场和保护市场的作用。

- ◆ **防止技术被山寨**：一旦申请了专利，无论专利以何种形式发表出来，均是受到法律保护的，即使别人在学会了技术后，仍然不能随意使用，有效地防止了技术被山寨。

- ◆ **专利技术可转让和出售**：专利可以转让和出售，扬子电冰箱厂和德国西门子公司及博世公司合资成立安徽博西扬制冷有限公司。扬子电冰箱厂以其 25 项冰箱、冰柜的专利权入股，经评估机构评估作价近 482 万美元，折合人民币 4014 万元，得到德国西门子公司和博世公司的认可。

坚决不触碰法律红线

创业既能扩大就业，又能增加居民收入，有利于促进社会资源纵向流动，让人们在创造财富的过程中更好地实现精神追求和人生价值。但是创业也需要遵守一定的规则，应做到坚决不触碰法律的红线。

案例陈述　商业精英难以抵挡"诱惑"，被拉下马

　　林奇是一家大型外企的人力资源总监，工作中接触到形形色色的职场人士，因此，也结识了许多的工作伙伴。

　　在某次聚餐中，林奇经朋友介绍，认识了网站前端研发工程师牟宇，在初次会面的时候，两人谈到互联网创业的话题，牟宇表达了自己有创建互联网直播视频网站的想法，并且就现阶段的直播网站的行情进行了分析。两人谈得很投机，相互留下了联系方式，并约定下次见面的时间。

　　在第二次见面的时候，牟宇将制作好的商业计划书给林奇展示，林奇看后，暗暗感叹牟宇的商业眼光，但是表面仍然很淡定，反问道："你如何确保直播网站的盈利率能够达到200%？"

　　牟宇认为，直播平台是企业布局O2O领域的一个至关重要的环节，直播平台可连接游戏、娱乐、户外竞技、真人秀活动等产业，一个平台满足用户众多的需求，相比于传统的视频网站，直播平台更具有协同和兼容的优势。当直播平台发展到一定阶段后，还可以向用户提供演唱会、体育赛事和时事访谈等多元化服务的直播形式。

　　尽管林奇已经开始动心了，但是依旧很淡定地询问："当众多的用户同时在线观看直播的时候，你能够确保网站的承

受能力吗？"

牟宇自述自己是网站前端研发工程师，对于网站的建设有丰富的经验，并已经组建了一个专业的技术团队，完全能够处理网站运营中出现的种种技术问题。

这下，林奇终于放心了，遂以合伙人的身份加入到牟宇的创业团队中，投资 800 万元。

直播网站在 3 个月后正式上线，一上线就受到广大用户的追捧，上线第三个月的注册用户数超过 100 万人，平均每天的活跃用户数超过 10 万人，成为直播平台的一匹黑马。

但是牟宇属于技术型创业者，并没有太多的网站管理经验，平台在上线后经历了疯狂的发展，吸引了大量的忠实用户的同时，也带来了后患：直播平台频频被媒体报道"涉黄"，但是牟宇却不以为意，认为那是平台发展的必经之路。

直到某天，平台被同行举报涉嫌传播淫秽视频牟利，国家互联网信息办公室亲自查处了平台，开出了 3 亿元的天价罚单，并且依法逮捕了平台的创始人牟宇和合伙人林奇。曾经的业界精英因为难以抵挡"诱惑"而被拉下水。

雷区分析　创业过程中，绝不触碰法律红线

林奇是外企的人力资源总监，牟宇是资深的网站前端研发工程师，两人都是业界的精英人士，具有独到的商业眼光和市场分析能力，熟悉当前市场的缺口，了解市场的需求，因此，创业成功的概率非常大。但是在创业成功后，两人却疏于对平台的管理，导致直播平台不正常发展，被同行举报，最终双双落马。作为创业过程中触碰法律红线的典型反面教材，这

是值得创业者提高警惕的信号。

（1）高收益的投资意味着高风险

任何一项投资都具有一定的风险性。通常情况下，投资风险是从投资者做出投资决策就产生的，直至投资行为结束。在这期间，由于各种不可控因素，会使实际收益与预期收益产生偏差。而收益的高低和投资风险是成正比的，高收益往往意味着高风险。

在不同的投资阶段，投资风险也会随之变化，投资性质不同，风险后果也不一样。投资风险具有可预测性差、可补偿性差、风险存在期长、不同项目的风险不同以及多种风险并存等特点。因此，创业者在选择项目的时候，一定要考虑到风险性，盲目追求高收益很有可能会有较高的风险。

（2）创业者如何识别投资风险

创业者进行风险的识别是风险管理的首要步骤，只有全面、准确地识别投资风险，才能将创业投资的风险降到最低，避免创业失败。

◆ 投资风险无处不在，需要企业各个部门的全力配合，一旦发现问题，立刻上报，及时解决，防患于未然。

◆ 投资风险具有连续性，且会随着投资环境的变化而变化，风险管理人员需要根据投资行为进行定期识别，才能掌握并防范各种风险。

◆ 投资分析是客观存在的，风险管理人员需要进行大量的实地跟踪调查和信息反馈。

◆ 市场因素也会引起投资风险的变动，例如，经济因素、政治因素和环境因素。市场因素大多属于不可控制因素，为了尽量减小投资风险，风险管理人员应该实时关注市场行情，做好相关的防范措施，以免造成过大的经济损失。

商业计划书的致命性错误

商业计划书被称为风险投资的敲门砖，因为投资人对于融资的个人或者企业的了解不够深入，缺乏长期的观察，只能通过商业计划书来查看个人或者企业的发展潜力和空间。因此，融资个人或企业是否具有严谨科学的商业计划，是吸引投资者的关键。所以，商业计划书中不能出现任何错误，不然创业融资很可能功亏一篑。

内容才是王道

商业计划书越来越受到创业者和融资方的重视，因此，不少的融资方往往会陷入这样的一个误区中：制作一份商业计划书需要花费大量的人力、物力和财力。首先，花费大量的时间进行各种研究，为了使计划书看起来不至于太单调，在其中插入大量五花八门的图表；再使用各种精密的算法和分析工具对未来 3 ～ 5 年内的市场前景进行分析；最后将详细的执行步骤浓缩到计划书中。

当这样的一份计划书摆到投资者的面前时，融资方满心以为能够打动投资者，但实际上，这很难让投资者动心。对于这样华而不实的商业计划书，往往会让创业融资项目的计划落空。

案例陈述　投资者为何拒绝了包装"华丽"的融资方案

"可馨到家"是北京可馨信息有限公司基于传统电商的业务模式而推出的全新O2O生活服务平台，依托于"互联网+"技术打造O2O生活类目，旨在为用户提供线上产品的配送，在2小时内快速送达，打造生活服务一体化应用平台。

面对复杂的市场环境，企业之间的竞争激烈。大公司具有雄厚的资金支持，运营经验丰富，团队专业素养高，如果创业公司直接和大公司进行正面交锋，很可能会落得惨败的下场。

而目前，摆在"可馨到家"面前可供选择的项目分别是外卖配送、超市配送、药店配送、家政服务、搬家速运和上门美甲。在这几大项目中，外卖配送、家政服务和上门美甲属于非常热门的新领域，"可馨到家"决定以这3个项目作为O2O品牌的服务内容。

在确定了创业项目之后，最关键的是获取投资人的赏识和青睐。因此，"可馨到家"在撰写商业计划书的过程中花费了大量的人力、物力和财力。

前期，"可馨到家"雇用专业的市场调研机构进行了全方位的市场调研，从O2O生活品牌的诞生作为切入点，以O2O行业的龙头企业为例，详细地分析了该企业在O2O领域取得巨大成功的原因，并运用复杂的数据分析工具分析了O2O领域的发展前景和盈利空间。

中期，在获得最新的市场数据之后，"可馨到家"将数据制成了图文并茂的 PPT。为照顾到不同投资者的阅读习惯，"可馨到家"共制作了 3 份不同版式的 PPT。

后期，"可馨到家"为了获得更多投资者的信赖，在计划书中加入了融资的流程、资金投放市场、投资项目的具体细节以及项目目标。

当商业计划书完成之后，"可馨到家"便拿着它奔走于各大风投公司，但是投资者在阅览了计划书之后，大多都婉拒了其的融资请求。

"可馨到家"被无数次拒绝之后，不由得反思商业计划书是否存在漏洞，于是，再一次进行了修改，但是投资者在草草阅览了计划书之后还是拒绝了。这让"可馨到家"陷入了困境中，尽管发现了潜在的商机，但是由于缺乏资金导致新项目无法启动，只能眼睁睁看着同行抢占市场资源，自己却无能为力。

雷区分析　投资者更看重商业计划书的内容

"可馨到家"制作精良的商业计划书为何频频遭到投资者的拒绝？第一，"可馨到家"委托专业的市场调研机构进行了市场调查，但是都是针对当前的市场行情进行分析，而关于市场前景和盈利空间都是采用比较主观的数据分析工具，尽管计算的数据看上去比较真实，但是市场的变化大，人为规划的商业前景往往具有很大的不确定性，这就很难获得投资者的信赖；第二，为了凸显商业计划书的形式而刻意使用五花八门的图文，会使商业计划书看起来不严谨，投资者可能会对"可馨到家"的业务能力提出质疑；第三，在商业计划书中加入了过多的不必要的"细节"，避重就轻，没有在最短的时间内吸引到投资者的注意力，所以，未能成功融资。

综上所述，从"可馨到家"失败的融资案例中，创业者可借鉴到以下一些经验，避免以后走弯路。

（1）商业计划书中最容易忽略的"败笔"

在商业计划书中，一处很小的"败笔"就很可能导致创业项目的融资失败，如图 4-2 所示是最常见的"败笔"。

1　项目概述的逻辑思维及描述性语言混乱。

2　商业计划显得非常不专业，缺乏应有的基础数据作为支撑，分析过于复杂，数据没有说服力。

3　缺乏强有力的项目执行团队，显得势单力薄。

4　过长的篇幅描述市场和环境，公司自身的具体业务类型、项目目标和操作流程的内容却非常少。

5　过于强调技术的先进性或产品服务的创意性，而忽略了项目的实际可执行性。

6　计划书中的口号太多，而达到目标所制定的策略与战术却描述得非常少，难以吸引投资者的注意。

图 4-2　商业计划书中最常见的"败笔"

（2）如何撰写风投喜欢的商业计划书

如果创业者寻找的风投不是亲戚、朋友、熟人或同事，而是素未谋面的陌生人，那么，创业者如何撰写出能够吸引投资者注意的商业计划书呢？一个投资者的邮箱中往往有堆积如山的商业计划书，如何确保你的商业计划书能够从中脱颖而出呢？而现实表明，一份有含金量的商业计划书是必备的。那么，创业者如何才能撰写出含金量较高的商业计划书呢？

- ◆ **封面**：采用庄重简洁的商务封面，重点突出创业项目的名称。
- ◆ **项目**：用简练的语言概括项目的内容，其中主要包括商业模式、创新定位、市场前景、项目优势、创业团队、预期盈利、融资计划和资金用途。
- ◆ **运营模式**：即商业模式，简而言之，就是项目是如何实现盈利的？是否能够填补市场空白？项目成功的概率多大？这些信息都需要在计划书中体现出来。
- ◆ **股权结构**：项目合伙人也非常重要，投资者在投资之前会了解股权结构、股东数、股东来路和参与日常运营的核心股东等信息。计划书中将股权结构进行公布，可以赢得投资者的信任。

自己的事情自己做

商业计划书就是企业将来运作方向的标杆，也是企业利益权衡的蓝图。在商业计划书中，往往包含了企业的重要商业机密，例如，研发程序、制作工艺、产品配方、管理手段、营销策略和货源信息。这些信息能够直接为企业带来现实的或者是潜在的经济利益，一旦被泄露，将对企业产生难以估量的损失。

案例陈述　外包商业计划书泄露商业机密，融资频频被拒

厦门学而优教育咨询有限公司（以下简称"学而优"）成立于 2001 年，主要从事幼儿英语、中小学教学课后辅导、特长培训和综合素质拓展业务。

为了迎合市场的发展需求，增加企业的市场竞争力，企

业决定增加新的业务。学而优的市场部项目策划人受益于《爸爸去哪儿》这款大型亲子节目的启发，决定趁热打铁，推出全新的业务——亲子户外活动。

但是出于保险起见，学而优计划市场部对当前市场的亲子关系进行调研，调研结果显示：随着社会经济的发展，尤其是独生子女政策的实行，我国家庭亲子关系正在发生急剧的变化。根据采访结果显示，超过八成的父母因为工作的关系无法亲自陪伴小孩，而90%的父母认为很有必要带领小孩参加亲子活动。

根据科学研究表明，青少年期是人生中最关键的时期，是依恋与独立相互冲突和过渡的阶段。但是许多父母没有或者是缺乏主动意识去适应和调整与青少年子女的这种关系，导致亲子关系出现隔阂。但是由于现阶段社会中的亲子活动平台很少，最终又不得不将小孩送到各类枯燥的培训班，这就为亲子活动平台和业务的诞生提供了"温床"。

在完成了前期的市场调研之后，学而优决定立即打造亲子活动拓展业务，但是，公司的资金相对比较紧张，新项目的启动需要资金。因此，学而优决定制作专业的商业计划书吸引投资者，实现融资。

由于学而优缺乏撰写商业计划书的经验，为确保商业计划书的专业性和成功率，便将新项目的商业计划书外包给深圳达众信息有限公司（以下简称"达众"）。这家公司号称拥有20年的市场研究经验，能够为企业提供专业的项目商业计划书。

在没有做任何商业机密保护措施的情况下签订合同，学而优将全部的商机计划透露给达众。达众根据学而优的商业计划，很快就完成了商业计划书的撰写。学而优拿到专业的商业计划书之后，市场部的项目主管在拜访了一名知名的风投后，却出乎意料地被拒绝了。风投告知项目主管，因为该项目已经有多家教育机构在开展了，而在众多的平台中，他们已经选择了一家大型的教育机构进行投资。

学而优的项目主管非常困惑，反思在这个过程中，到底是哪个环节出现了问题，因为在发现"亲子活动"新商机的时候，市场上只有 3 家机构在开展该业务，但是短短的半个月内，亲子活动平台便像雨后春笋般出现，且同行之间大打价格战，争夺市场资源。

学而优还未意识到因为自己将商业计划书外包给达众，没签订任何的保密协议或合同，达众因此将学而优的商业计划全部泄露出去，最终造成学而优的融资计划失败，项目被搁浅。

雷区分析　外包商务计划书一定要签订保密协议

学而优具有敏锐的市场商机感知能力，从《爸爸去哪儿》中感知到新商机——亲子活动。学而优进行实地的调研之后，发现亲子活动的市场空间广阔，且市场同行少，竞争不激烈，项目的开展会比较顺利。但是学而优犯了一个致命的错误，即将商业计划书外包给第三方机构，没有签订任何保密协议，毫无保留地将商业机密全部告诉对方，最终导致商业机密被泄露，融资失败。因此，创业者要从中学习到相关的经验和教训。

（1）分内之事，亲力亲为

商业计划书作为企业项目融资的重要工具，是一份全方位描述企业新项目的文件，是企业拥有良好融资能力、实现跨越式发展的重要条件之一。这其中包括了企业的最高商业机密，所以制作商业计划书属于企业分内之事，务必亲力亲为。

内部撰写商业计划书能够降低最高商业机密被泄露的概率，企业内部也能保持良好的沟通和交流，减少第三方环节的影响，精准地向投资者传达出新项目的创意，提升项目的融资成功率。

（2）创业者如何处理商业机密被泄露的风险

企业将商业计划书外包给第三方机构，容易导致商业机密泄露，面对这种情况，创业者可以拿起法律武器来维护自身的合法权益。

《刑法》第二百一十九条规定，有下列侵犯商业秘密行为之一，给商业秘密的权利人造成重大损失的，处三年以下有期徒刑或者拘役，并处或者单处罚金；造成特别严重后果的，处三年以上七年以下有期徒刑，并处罚金：

◆ （一）以盗窃、利诱、胁迫或者其他不正当手段获取权利人们商业秘密的；

◆ （二）披露、使用或者允许他人使用盗窃、利诱、胁迫等手段获取的权利人的商业秘密的；

◆ （三）违反约定或者违反权利人有关保守商业秘密的要求，披露、使用或者允许他人使用其所掌握的商业秘密的。

切忌空谈、妄谈

商业计划书直接为企业和投资人提供了一个沟通的桥梁，投资人通过计划书可以了解到企业项目的具体状况，企业能够获得项目的融资。但是，许多企业的商业计划书不能提高融资成功率，并非项目的发展空间有限，而是在于企业的商业计划书的编写过于浮夸、草率，让投资者感到失望，最终错失融资机会。

商业计划书的起草是一项比较复杂的工作，不仅需要对市场、行业和项目有充分的研究和认识，还需要具备严谨科学的撰写思维，切忌在计划书中空谈。

案例陈述　商业计划"不着陆"，失去融资

随着移动通信技术和移动互联网技术的发展，移动智能电视也迅速走红，为市场提供了创业的契机。

2010 年 6 月 30 日，国务院办公厅公布了第一批三网融合的 12 个试点城市名单，四川绵阳成为三网融合的首批试验点城市，而宋子明正是四川广电网络集团绵阳分公司的职工。

在公司的培训会议中，宋子明第一次接触到"智能电视"的概念，这一概念正是由一位移动互联网自媒体达人提出的。所谓智能电视，是指安装了操作系统的全开放式应用平台。在连接互联网后，用户观看电视节目的同时，也能够享受浏览网页、玩 3D 游戏、视频通话、家庭 KTV 和教育在线等服务，还可以支持组织与个人、专业软件爱好者自主开发、共同分享数以万计的实用功能软件。

宋子明在培训过后就萌发了创业的念头，他欲打造一款全新的智能电视，打破传统电视的局限。宋子明的朋友周宏是某知名品牌电视的研发部主管。宋子明为了获得周宏的支持，将初步的创业想法制作成商业计划书，重点突出了他构思的"智能电视"的创新性。

因为智能电视的实现基础条件就是内置强大的智能操作系统。目前，市场上已经上市的智能电视的操作系统大部分

是 Windows 系统和 Android 系统。因此，宋子明想要打造第三种系统——厂商自创系统。

但是周宏在听后却迟疑了，因为宋子明的想法过于简单，完全忽视了复杂的市场环境，尤其是在乐视、PPTV 及风行 TV 等互联网品牌爆发式涌入的时候，电视机产业正以空前的速度更新换代，价格也是一山更比一山低，整个电视行业已经进入了低价时代。

抛开市场的环境因素，就智能电视的操作系统而言，Windows 系统是当前主流的操作系统，微软公司积累了庞大的用户群体，CPU 非常强劲，能够将 PC 端的应用完美转换为电视体验，这是任何一款操作系统都无法比拟的。

而基于 Android 系统的超级智能电视才处于起步阶段，Android 系统的核心代码具有开源、稳定和免费等优势，并且在手机端的应用广泛。但是电视端的开发却寥寥无几，市场的风险相对较大。

而关于自创系统，基于 Linux 系统的 OMI 操作系统结合了电脑开源技术，能进行个性化加载和运行 SDK 软件开发的应用程序。大型家电企业海信投入 2 亿元自主研发了 HITV-OS 操作系统，并有后台系统作为支持，可以实现 APP 的上传、下载和计费等功能。

如果企业需要自主研发全新的操作系统，首先必须保证有雄厚的研发资金和项目团队作为后盾，这两者缺一不可；其次，要能安然度过磨合期，假如系统研发成功后，消费者已经接纳了 Windows 系统和 Android 系统，对于新系统接纳的磨合期非常长，不利于系统的推广和宣传，并且很容易被大企业挤掉。

因此，周宏在详细、全面且深入地分析了电视行业的操作系统发展前景后，拒绝了宋子明的商业计划。

雷区分析　不能实现"落地"的商业计划都是纸上谈兵

宋子明创业的眼光比较独到，换作别人创业，可能只是一味地对电视的性能进行改良。但是宋子明的创业切入点却是智能电视的操作系统，欲自主研发新的操作系统。而他的朋友周宏却熟悉当前的电视行业情况，各大企业大打价格战，致使行业处于低价状态。如果企业在操作系统上大做文章，对于电视的销量并无实质性的帮助；并且，当前的操作系统是Windows 系统和 Android 系统的天下，自主研发需要投入大量资金，市场风险较大。在经过理性的分析后，周宏果断拒绝了宋子明的融资计划。而对于广大的创业者，在制作商业计划书的时候，务必要遵循以下的几点要求。

（1）商业计划书的创意不等于天马行空的想象

在商业计划书中，具有创意性的项目能够提升融资的成功率，但是创业并不等于天马行空的想象，创业者需考虑到项目的实用性。

所谓项目落地是指项目在具体的实施中步骤、细节和流程的可操作性。如果项目的可操作性较差，那么，创业项目的开展就会比较困难，徒增创业的风险。

投资者在考察任何一个创业项目的时候，创业的落地性是重要的考察指标，要区分清楚创意和落地性的区别，避免投资打水漂。

（2）计划是否赶不上变化

俗话说，"计划赶不上变化"。因此，许多创业者在制作商业计划书的时候没有任何计划，这种做法往往是错误的，因为市场瞬息万变，创业者再疏于对计划的管理，最终只会导致创业失败。

但是在制作了周密的计划书之后，如果项目融资成功，则继续跟进项目，开展项目的启动事宜；即使项目的融资计划失败了，创业者还可以寻求其他的方法和途径来弥补融资失败的损失，并在失败中总结经验和教训，不断完善融资项目。

细节决定成败

对于一个发展中的企业，专业的商业计划书既是寻找投资的必备材料，也是企业对自身的现状及未来发展战略全面思索和重新定位的过程。商业计划书本身具有严谨、正式和商务化的特点，如果计划书中出现了低级错误，则很容易导致创业项目的融资失败。

案例陈述　　农场主因为一个"0"失去天使投资基金的机会

加拿大联邦政府为了增加曼尼托巴省的就业机会，促进经济发展，公开征募、提名能给曼省增加就业机会及促进该省经济发展的企业家，并为他们提供获得加拿大长期居住权的机会。

而郑家学就是其中成功移民加拿大的中国企业家，郑家学是一家大型农场的农场主，曾经成功将国外的社区支持农业（Community Support Agriculture）模式引入到农场管理中，为农场带来了 2 000 万元的经济效益，带动了农场周边的经济发展。

早在 2010 年，郑家学就实地考察了曼尼托巴省的市场环境。曼尼托巴省位于加拿大中心，是加拿大中部草原三省之一，牧场资源丰富，可以在此地发展畜牧业。

2011 年，郑家学在移民之后，经过一番实地考察，看中了一个大型农场，农场的成交价是 80 万加元。郑家学买下农场之后，注册了一个农业投资管理公司，公司的主要业务非常简单，就是养牛和卖牛。但是随着公司业务规模的扩大，郑家学又发现了新的商机——有机饲料。

根据郑家学的多年工作经验，畜牧业的市场在对饲料的需求上非常大，且长期处于供不应求的局面。一是当地的有机饲料供应商非常少，且生产设备比较落后，生产效率低下；二是越来越多的创业者都开始圈地搞畜牧业，对于饲料的需求逐渐增大，造成有机饲料的价格长期居高不下。

如果公司抓住了这一商机，掌握生产技术，购置先进的生产设备，很快能够改变单一的业务模式，进而实现公司的转型。郑家学清楚地知道，要想实现企业的迅速转型，就必须在短期内筹集到项目资金，快速启动项目，才能抢占市场先机。

经过一个朋友的引荐，郑家学拜访了加拿大著名的天使投资人汤姆·大卫。郑家学将事先制作好的商业计划书展示给大卫看，大卫非常欣赏他的商业计划，认为他的计划逻辑性强，具有独到的商业眼光，感知市场商机的能力强，决定在实地考察过郑家学的公司之后，就开始商议投资事宜。

郑家学非常开心，认为项目筹资已经是板上钉钉的事了，心里甚至有几分骄傲，因为他之前听说大卫对于项目融资的审核十分严格，很多创业者的商业计划书都没有过关，但是唯独他的商业计划得到了大卫的赏识，所以他认为，融资计划已经胜券在握。

之后汤姆·大卫如约考察了郑家学的公司，一切进展顺利。考察完毕，大卫决定投资他的项目，大卫的律师拿出一份资料表要求郑家学填写，在企业注册资金一栏中，郑家学的公司注册200万加元，但是郑家学却填写的是2 000万加元。仅仅是多写了一个"0"，就让大型农场主失去了风投的项目融资。

因为在汤姆·大卫看来，郑家学这种行为属于欺诈融资，严重违背了投资界的行规。最终，汤姆·大卫改变了投资的决定。

雷区分析　谨慎行驶万年船

郑家学凭借敏锐的市场感知能力捕捉到了新的商机，当投资者都纷纷圈地养殖的时候，他决定改行生产饲料，凭借良好的商业策划能力，用商业计划书打动著名天使投资人，但是在最终环节却疏忽大意，多写了一个"0"，而被认为是欺骗投资者，直接失去了融资机会。因此，创业者在撰写商业计划书和填写相关表格的时候一定要谨慎，要注意以下几点。

◆ 实事求是，切忌在商业计划书中造假。

◆ 始终保持谨慎、严谨的态度来完成商业计划书的制作，绝不能因为暂时的成功就自高自大、目中无人。

◆ 如果商业计划书或特殊文件中出现了低级错误，需立即向投资者解释，说明原因，抓住处理问题的黄金时间。

◆ 即使是已经错失了融资机会，也要和投资者保持良好的联系，争取下一次的融资机会。

LESSON 05
FROM THE FAILURE

创业中期，企业如何融资

对于创业者而言，能否快速、高效地筹集到资金，是企业在竞争激烈的市场中站稳脚跟的关键，更是实现二次创业的动力源。由此可见，融资也是影响企业存亡的关键性因素。

创业者如何才能获得融资

融资就是创业者或者企业筹集资金的行为和过程。换言之，融资就是企业结合生产经营状况、财务状况和企业未来经营发展前景，通过科学的预测之后，采用一定的方式从不同的渠道向投资者和债权人筹集资金，以保证企业的正常生产需要、销售管理、风险控制以及资金链供应。

制定融资计划书

在融资之前，企业需要制定融资计划书。而融资计划书的实质就是一份说服投资者的说明书。在融资计划书中需包含投资决策者关心的全部内容，例如，企业的商业模式、产品和服务模式、市场分析、融资需求、运作计划、竞争分析、财务分析和风险分析等内容。

在融资计划书中运用真实、客观和科学的报表对企业的项目进行全方位的阐述，增加投资者对项目信息的了解，进而确保融资成功的概率。

案例陈述　大型企业融资竟然也会"马失前蹄"

南昌凯航精密模具有限公司（以下简称"凯航"）位于江西省南昌市，是一家专业的精密模具厂商，厂房占地面积 1 500 多平方米，有数控机床、三坐标检测和各类加工机床 300 多台。

近年来不断引进人才，有经验丰富的铸造工艺师和模具设计师及铸造模、低压浇铸模及重力浇铸模的专家，还有多年从事 CAD、CAM 和 CAE 工作的工程师及高级工程师，并有大批的模具专职技师和生产专业的技术人员，技术团队力量雄厚。企业的总固定资产 1 亿元，2009 年，企业的年生产能力突破 8 000 万元，在行业中遥遥领先。

2010 年，凯航接到一宗 3 000 万元的大单，甲方是国内著名的汽车厂商，需要一批汽车钣金模具，双方约定在两个月内完成。

钣金模具是凯航的核心业务之一，在凯航成立之初，公司的主要业务就是生产和制造汽车钣金模具，钣金模具用材采用耐腐蚀高镜面模具钢，制作的成品质量高于同行，在行业中具有良好的口碑。

两个月后，凯航完成了钣金模具的生产，并且通过了甲方严格的质检。2011 年，甲方客户又提出合作的需求，需要一批冲压模具和塑料模具。

在甲方提出合作项目之后，凯航心里却没底了，因为企业中用于生产塑料模具的设备较少，且该项目的技术人才略微紧缺，但是为了留住这一大客户，凯航先答应承接下这笔订单。

凯航因此需要在最短的时间内招聘到技术团队，并且采购一批塑料模具，但是由于该项目属于新项目，需要启动大量的资金作为支撑。那么，该如何筹集到这笔资金呢？凯航选择了对外融资。

而制订融资计划书需要大量时间进行市场调研，但甲方的限定时间为两个月，凯航怕丢掉这个大客户，为节省时间而省去了制定融资计划书的环节，直接凭借口头描述项目，缺乏商业模式分析、项目运作计划和项目风险评估等实战性内容。尽管投资者有投资意向，但是鉴于凯航不专业的融资做法，投资者也不敢贸然投资。

转眼，一个月时间过去了，凯航仍然没有找到投资者，为了向客户交差，不得不冒着头皮上阵，紧急调用了钣金生产团队来生产冲压模具和塑料模具。

在两个月的期限到了之后，甲方质检部门来验收产品，产品的合格率非常低，不符合甲方的规格要求。最终，这批产品没有通过质检，甲方客户也终止了和凯航的合作。

雷区分析　融资计划书，一份说服投资者的说明书

凯航作为一家大型的精密模具生产商，在接到甲方客户的第一次合作请求后，很快完成了客户的生产要求，但是在第二次合作中却出现了问题。客户需要冲压模具和塑料模具，而这两个项目正好是企业的"短板"，既缺乏技术团队，也缺乏生产设备，但是为了不丢失这个大客户，凯航贸然承接下这个项目。缺乏资金就对外融资，但是没有制定融资计划书就开始融资，无法取得投资者的信任，导致融资计划失败，接着又调用其他没有生产经验的团队，最终导致产品不符合要求，凯航丢掉了这个大客户，所

以，企业在融资的时候，一定要制订能说服投资者的融资计划书。

（1）融资计划书的撰写步骤

对于融资计划书的撰写，通常可以分为以下 5 个步骤，具体如图 5-1
所示。

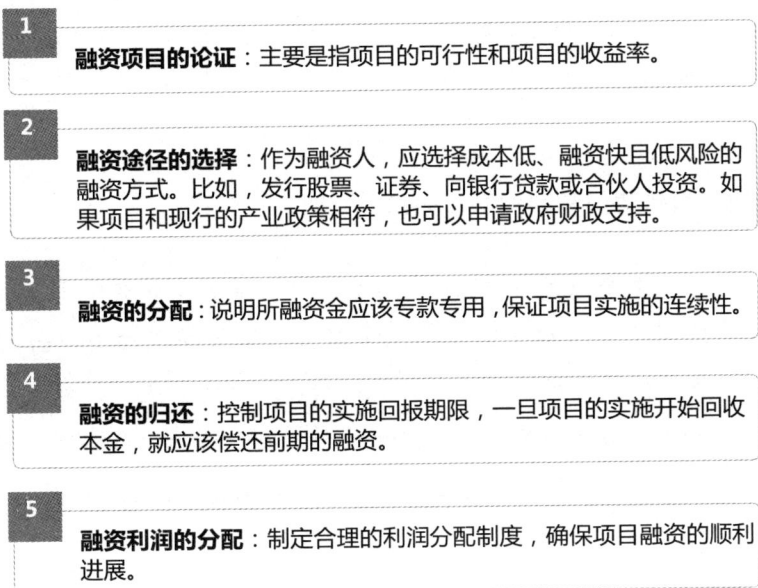

1 **融资项目的论证**：主要是指项目的可行性和项目的收益率。

2 **融资途径的选择**：作为融资人，应选择成本低、融资快且低风险的融资方式。比如，发行股票、证券、向银行贷款或合伙人投资。如果项目和现行的产业政策相符，也可以申请政府财政支持。

3 **融资的分配**：说明所融资金应该专款专用，保证项目实施的连续性。

4 **融资的归还**：控制项目的实施回报期限，一旦项目的实施开始回收本金，就应该偿还前期的融资。

5 **融资利润的分配**：制定合理的利润分配制度，确保项目融资的顺利进展。

图 5-1　融资计划书的撰写步骤

（2）大型企业常用的融资途径

对于大型企业而言，最常采用的融资途径主要分为以下两种。

◆ **债务融资**：是比较传统的融资方法，其本质就是借贷。其中主要包括银行贷款、民间贷款、企业债券、典当和租赁等途径，此类融资在到期后需要还本付息。

◆ **股权融资**：是指上市、增资扩股、员工持股和私募股权等形式，在企业盈利的情况下分红，但需要企业让渡部分股权。

找准谈判对象

在企业的融资过程中，往往需要进行大量的商务谈判。商务谈判是指不同的经济实体各方为了自身的经济利益和对方的需要，通过沟通、协商、妥协、合作和策略等各种方式，把潜在的商机通过一定的形式确定下来的活动过程。商务谈判是一门科学，要综合运用多方面的知识。它作为经营者开展商务活动的开路先锋环节，要想在商务谈判中大获全胜，最重要的就是找准谈判对象。

案例陈述　青年海归的坎坷融资之路

刘金海是一名留学生，就读于墨尔本大学商学院工商管理硕士（MBA）专业。2016 年，刘金海毕业回国，面对国内非常严峻的就业形势，他毅然决定自主创业，而创业的项目就是海外代购。

留学期间，刘金海在一家大型超市勤工俭学。在这期间，细心的他发现：在店里，每天有很多华人代购，代购商品类目主要是母婴用品、化妆品、服装和特色零食。

超市针对部分"特殊"商品设定了限购令，且对商品每天的上架数量也设置了上限，尤其是母婴用品，例如，婴幼儿奶粉、纸尿布、婴儿洗漱用品和母婴护理用品。

超市的营业时间是 8:00 ～ 22:00，但是华人代购往往都在早上 5 点左右就已经排成了一条长龙，等待超市营业时间一到，便蜂拥至超市抢购商品。

对于华人代购的"疯狂扫荡"，刘金海不解，为何华人代购喜欢抢购母婴用品，直至在报纸上看到"中国开放二胎政策"这一新闻，他才恍然大悟。由于大部分消费者对于国内母婴用品的质量不放心，所以，都会通过各种渠道和关系来购买国外产品。因此，海外代购成了当前最热门的行业之一。

鉴于在海外留学的经历，刘金海见证了"海外代购"的巨大商机，而母婴行业的商机更是辉煌无限。因此，他初步构思了创业模式，决定在国内成立专业的母婴用品代购公司，和海外知名品牌的母婴用品合作，通过互联网渠道向国内的母婴用户提供各类母婴用品。

在确定了商业模式之后，刘金海带着融资计划书和创业梦开始寻找投资人。但是在这个过程中却并不如他想象中那样顺利。由于刘金海毫无创业经验，所以许多风投都拒绝了他的项目融资申请。

在不断碰壁的过程中，刘金海也不断地修正和改进着自己的商业计划书。在一次留学生创业沙龙大会上，会议方为众多的留学创业者提供了业界人士一对一的专业指导，让刘金海再次从多个方面重新审视了自己的商业计划书。

经历过无数次的跌倒，刘金海的商业计划书逐渐丰满起来。终于，一家风投公司对他的创业项目产生了浓厚的兴趣，向他抛出了橄榄枝。

刘金海按照约定的时间赴会，但是在交谈的过程中，刘金海发现，投资者对于项目的投资意向并不是很确定，只是大致地询问了项目的商业模式，并且没有明确回复他关于投资的细节流程。

刘金海一询问才明白过来，原来眼前这位"风投"只是该公司的市场部负责人，无意间在网上看到了他的创业项目，就预约了刘金海来了解创业项目，其并没有最终的拍板权力，只能向上级汇报和说明项目融资的情况。

于是，刘金海多次拜托这位负责人向公司的高层转达自己的投资项目，尽管市场部负责人答应下来，但是并没有将其放在心上，很快，在忙碌的工作中，项目投资的事情也不了了之。

雷区分析　找准融资的谈判对象再说融资的事

刘金海是千万海归创业中的一个代表，因为缺乏商业谈判经验而错失融资机会。就项目的市场发展空间来看，中国母婴行业的发展潜力无限。凭这一点，刘金海对于商机的感知能力就强于普通创业者。好不容易找到了一家愿意投资的企业，就因为没找准谈判对象而错失机会；即使最终会面了公司拍板人，但是投资者在投资之前也会考量项目人的综合能力，而刘金海并无创业经验，对于市场的风险把控能力较差，因此，多半也会拒绝融资申请。所以，从刘金海融资的失败案例中，广大的创业者要从中吸取经验和教训。

- ◆ **谈判对象的选择**：商务谈判的第一步就是找准谈判对象。确定谈判对象、对方的条件和自己的实际需求。此外，融资者需要对谈判对象进行充分的调查和分析，发掘双方的优劣势，为正式谈判做好准备工作。

- ◆ **谈判环境的选择**：商务谈判环境的选择也很重要。常见的不利于谈判的环境包括嘈杂的环境、谈判空间的温度过高或过低、谈判空间狭小以及不时地有外人搅扰的环境。这些环境因素会影响谈判者的注意力，从而导致谈判的失误。

- ◆ **谈判过程的禁区**：谈判是一种很敏感的交流。但是长时间的谈判过程也难免出错，最好的方法就是提前设定好谈判中的禁语、危险话题、过激行为和谈判的心理底线等。这样就可以最大限度地避免在谈判中落入对方设下的陷阱。

谈判沟通的细节

在进行商业谈判之前，最好先找到谈判双方一致的观点或者是话题，进而确保谈判的进展更顺利。但是在谈判中仍然会出现各种各样的状况，对于创业者而言，最佳的解决措施就是及时地进行沟通和交流。

此外，在谈判过程中千万不要轻视沟通环节中的每一个细节，因为一个小细节往往体现了一个创业者的职业素养、专业知识和经验阅历等，在商务谈判中有着举足轻重的地位。看似不经意的小细节，最终往往决定融资的成败。

案例陈述　职场谈判精英大意失融资

深圳恒科电子设备有限公司（以下简称"恒科电子"）是民营高科技企业，1998 年改制的国有企业，1999 年首家通过 ISO9001 质量体系认证，致力于自动化设备的研发和制造，到 2016 年已形成以磁粉探伤设备、变压器生产设备及环保自动化设备三大系列为主的产品线，产品广泛应用于航空、航天、铁道、车辆和船舶机械制造等行业的无损检测。

2009 年，恒科电子接待了一个来自伊朗的采购公司，为此，公司特派出外资谈判精英何祖杰去接待，何祖杰是公司的谈判高手，精通中、英、法、德及多种小语种，熟悉各个国家之间的风俗文化，在多年的谈判工作中，积累了丰富的谈判经验，是当之无愧的谈判高手。

以何祖杰为首的中方谈判代表事先做足了功课，了解伊朗文化的禁忌，尤其是衣着和饮食方面的禁忌。谈判进展得非常顺利，伊朗采购方决定从恒科电子采购一批变压器生产设备，且订单价高于市场价。

在谈判结束后，中方谈判组作为东道主，邀请伊朗采购方到当地的一家五星级酒店就餐，餐厅的菜肴也是严格按照伊朗的风俗习惯来的，餐桌上并没有出现猪肉和狗肉之类的菜品，并且将酒替换成了茶。

为了庆祝谈判的顺利进行，中方代表提出合影留念，因此，何祖杰很开心地将手搭在伊朗采购方人员的肩膀上。由于何祖杰的心情非常好，以致他忽略了当他把手搭在对方的肩膀上，对方脸上所露出的不悦之情。

在就餐过程中，何祖杰展现了东道主友好的礼仪，主动为伊朗采购方人员斟茶，直接将酒店准备的茶水斟入对方的杯子中，但他没注意到茶壶中的茶水已经凉了。伊朗采购方人员的脸色已经不悦。更为糟糕的是，何祖杰只顾开心，竟然用左手斟茶。最后，伊朗采购方人员没有一个人喝茶，脸色非常难看。

谁知，第二天，伊朗采购方并没有与公司签订采购合同，而是计划着回国事宜。何祖杰一听，连忙奔往机场阻拦。在机场，他向一个伊朗采购方人员询问原因，采购方却拒绝回答。

事后，经过打听才知道，何祖杰在谈判过程中犯了中西文化礼仪冲突的大忌。伊朗人不喜欢身体接触，而照相的时候他却将手搭在了对方肩上；在伊朗，如果给客人斟冷茶，那是极为不礼貌的，务必是热的茶水；用左手斟茶那是大不敬，因为在伊朗，左手被认为是不干净的，所以，需要用右手斟茶。

何祖杰尽管已经很重视伊朗的风俗习惯了，但是却因为忽略了这些细节，最终还是导致谈判失败。这对于他的谈判生涯而言，是一次惨痛的教训。

雷区分析　小细节也能决定项目谈判的成败

何祖杰作为企业的谈判精英，拥有丰富的谈判经验，精通多国语言，解决了商务谈判中的语言问题，他也照顾到了伊朗采购方的饮食习惯，准备了茶水。但是在细小的地方却犯了大忌，最终，因为细节错失了订单。根据上述案例，创业者从中可以吸取一些经验教训。

（1）尊重对方的文化风俗是谈判成功的基础

在国际商务谈判过程中，文化风俗差异会成为影响谈判的重要因素，谈判方在维护自身利益的时候也需要照顾到对方的文化和风俗。

【提示】

地域文化价值的存在形式主要包括宗教、道德、审美、礼仪、文化、科学、风俗和功利价值，尤其是在宗教色彩浓厚的国家和地区，在社会交往和个人行为方面，都会体现出宗教礼仪和行为选择、思维模式及价值取向。

因此，作为国际业务谈判者，在准备谈判资料之前，必须搞清楚对方国家或者地区占据主导地位的宗教信仰，了解宗教信仰的忌讳，同时还需要了解该国政策方针、国内政治形势、外交政策等。在制订谈判计划和安排相关事宜时，不应与对方的宗教信仰和国内政策等产生冲突。

（2）必备的商务谈判技巧

在商务谈判中，谈判技巧是确保谈判取胜的重要条件，因此，谈判者必须掌握一些谈判技巧，具体如图 5-2 所示。

明确谈判态度

在商务谈判中会面对各种各样的谈判对象，谈判者不能拿出同样的态度对待所有谈判对象，需要根据谈判对象来决定谈判时所要采取的态度。

充分了解谈判对手

知彼知己，百战不殆，在商务谈判中这一点尤为重要，对谈判方的了解越全面，越能把握谈判的主动权，成功的概率就越高。例如，对方公司经营情况、行业情况、谈判人员的性格、对方公司的文化和谈判对手的习惯与禁忌等。

准备多套谈判方案

谈判双方最初的方案都是对自己非常有利的，而双方又都希望通过谈判获得更多的利益，所以，最终的谈判结果肯定不会是双方最初的方案，而是经过双方协商、妥协和变通后的结果。在这一过程中，为了双方的利益和谈判的顺利进行，需要有一些备用方案。

建立融洽的谈判气氛

在谈判之初，最好先找到一些双方一致的观点，给对方留下合作伙伴的潜意识。这样接下来的谈判就容易朝着一个达成共识的方向进展，而不是剑拔弩张的对抗。当遇到僵持时也可以拿出双方的共识来增强彼此的信心，化解分歧。

图 5-2　商务谈判的技巧

创业融资省钱之道

bootstrapbabes.com 博客网站的联合创始人之一杰米拉·怀特（Jamila White）曾说过："如果你和多数有抱负的创业者一样，可能就不会有太多的财富。所以要开始创业，你得格外节俭地对待手中那点钱。一开始当你想要创立企业时，真的很想节约成本，充分用好每一笔钱，为企业带来更多好处。"

如果创业者挥霍创业资金，则很容易造成资金链的断裂，因此，创业者在融资的时候还需要制定融资省钱之道，一方面，让投资者了解资金的去向和用途，取得投资者的信任；另一方面，控制不必要的资金支出，花更少的钱办更多的事。

案例陈述　拿到 A 轮融资的 O2O 企业却熬不过资本寒冬

从 2011 年开始，汽车市场上不断涌现出 O2O 品牌化项目。"我爱洗车"是继 e 洗车、赶集易洗车和云洗车等 O2O 之后，又一家在洗车领域吃败仗的 O2O 企业。

2015 年 11 月 2 日，"我爱洗车"的老板李某解散了公司的 QQ 群，停用了常用的手机号，欠下了 200 多万元债务。在解散公司当天，30 多名员工聚集在"我爱洗车"办公楼前讨薪，拖欠工资从 3 000 到 70 000 多元不等。

在 O2O 领域疯狂烧钱，这是绝大部分 O2O 企业惯用的做法。而"我爱洗车"也采取这种以钱续命的商业模式，在消耗完 A 轮融资之后，最终倒在了自己用钱砸出的"金坑"之中。

李某从事汽车洗车领域的想法可追溯至 2013 年，当年，李某与合作多年的老搭档高某联合创立了"捷洁洗车"品牌，并且进行了标准化展示，二人在洗车工具、工服和车辆中均印上了"捷洁洗车"的 LOGO，而"捷洁洗车"正是"我爱洗车"的前身。

2014 年，李某和高某正式注册了公司，并开始了持续半年时间的业务测试，主要是为用户提供标准化、专业化的上门洗车服务。当时只用了两个月的时间，就积累了 2 000 多名客户，市场反响比较强烈。

因此，李某认为洗车行业的频次高、用户黏性好且市场的需求大，这是一个进军汽车行业的切入口。2014 年年底，李某带着一份融资计划书前往中关村创业平台融资，其后李某和高某分别获得了 500 万元天使投资。

2014 年 12 月 19 日，李某在北京市海淀区注册了凯利卡尔（北京）科技服务有限公司（以下简称"凯利卡尔公司"），经营范围为汽车技术服务和洗车服务等。同时，"捷洁洗车"品牌被替换为"我爱洗车"。

"我爱洗车"在进入到洗车市场后，根本不考虑运营成本和收益之间的关系，大肆烧钱为企业的破产埋下了伏笔。正常情况下，洗一台车的成本是 30 元，包括：洗车工人提成 6 元，固定工资 18 元，保险加中介费摊销 4 元，物料消耗及税款等 2 元。"我爱洗车"长时间做活动，从总体投入和产出进行核算来看，凯利卡尔公司每洗一台车的成本远高于 30 元。

"我爱洗车"运营以来，最高一个月总开支达 200 万元，而洗车收入最高的月份是 7 月，数额为 14 万元。公司运营 10 个月的洗车总收入仅 30 万元。

按照 200 万元支出，"我爱洗车"在 7 月份日均开支约为 6.67 万元。按照会员价，19 元每次，一天平均进账 320 单，即 6 080 元，日亏损为 60 620 元。这个亏损分摊到 320 台车上，"我爱洗车"每洗一台车，亏损高达 189 元。

按此计算，网络洗车的低价法只有达到每天接 4000 单，才能跨过生死门槛。

另外，"我爱洗车"财务账单显示，截至 2015 年 6 月 17 日，天使轮资金用于房租、员工薪酬和洗车物料等共计 400 万元。截至 7 月 16 日，账上资金仅剩 120 万元，仅够支付下月员工工资。财务总监周某发现，到 7 月底公司账上基本已经无钱可支。李某给大家的答复是，A 轮融资 1 200 万元马上就会到账。

为了配合融资计划，财务就不得不对数据进行修改，以尽量让销售业绩显得好看。在 2015 年 9 月，李某提出零元转让计划，但此时外界已无人愿意接盘。

10 月 12 日，"我爱洗车"在海淀区小马厂华天大厦的 806 办公室遭到期清退；2015 年 11 月 2 日，"我爱洗车"正式宣布倒闭。

雷区分析 创业资金挥霍无度，最终"单衣过冬"

"我爱洗车"的一位离职高管认为，网络洗车市场从表面上来看，市场前景欣欣向荣，但是企业一旦投身进去之后，才会发现全是"坑"。在"我爱洗车"之前，已经有成片倒下的创业公司，归根结底，大部分 O2O 企业都是死于"资金链断裂"，最终熬不过资本寒冬。因此，对于创业者而言，最重要的经验莫过于对创业资金的运作和管理。

◆ **创业资金使用规划**：企业融资的目的是获得实现公司发展所需的必要资金，调整发展计划和可能筹措来的资金之间的关系。对于创业公司，由于资金不足，销售计划和生产系统的规模经常受到限制。因此，创业者必须制定科学的资金使用规划表，把有限的资金用在刀刃上。

◆ **维护资金链**：资金链作为经济活动的载体，以获取利润最大化为目的。企业的资金链断裂会导致企业经营困难，因此，企业在保证主链的资金充分宽裕之外，必须有相当强的融资能力，确保在每个循环后资金链要有所增值，以实现企业经营的盈利目的。

融资风险的评估与应付

　　融资过程中也会存在一定的风险。所谓融资风险，是指创业者在融资过程中，由于筹资规划而引起收益变动的风险。客观上，任何创业项目都有融资风险，并且无法消除，但是创业者可以通过发现、预测、分析和规避风险，使风险容易被掌控，把项目的风险降至最低。

规避信用风险

　　在融资风险的表现类型中，信用风险是最基础的表现形式之一，又被称为"违约风险"。由于创业项目融资过程中可能会出现项目有关方没有按照规定的条款履行责任和义务的情况，最终导致项目的运营出现问题。

　　因此，信用风险评估是创业者和企业融资的前提条件，是投资方进行投资决策的重要依据。既关系到企业的融资效果，又会影响投资方对项目风险的控制，因此，只有对创业项目进行信用评价才能掌控实际的风险情况，最终达到规避风险的目的。

案例陈述　全球最大的综合性天然气公司的陨落

　　安然公司成立于 1930 年，曾经是全球最大的天然气采购商、销售商和能源批发做市商之一。安然公司及 7 家分公司分别负责运输与储存、国内天然气与电力服务、国际经营与市场开发、油气勘探与生产和再生能源开发利用等多个领域的经营业务。

　　2000 年营业额达 1 010 亿美元，公司连续 6 年被《财富》杂志评选为"美国最具创新精神公司"。然而，真正使安然公司迅速在全世界声名大噪的却是因为信用风险。

　　2001 年 12 月 2 日，安然公司向纽约破产法院申请破产保护，成为美国历史上与企业有关的第二大破产案。这个拥有千亿美元资产的公司在短时间内宣布破产，多年"精心策划"的财务造假丑闻被曝光，重创了投资者和社会公众的信心，引发了投资界的一片唏嘘声。

　　在 2001 年，一家投资机构的创始人吉姆·切欧斯公开对安然的盈利模式提出质疑，尽管安然的业务开展得火热，但是实际上却赚不到钱，也没人能够解释清楚安然的盈利模式。安然的盈利率在 2000 年为 5%，2001 年初就降到 2% 以下，对于投资者来说，投资回报率仅有 7% 左右。

　　吉姆·切欧斯还注意到了安然背后的合伙公司，这些公司和安然有着千丝万缕的幕后交易。安然的首席执行官斯基林一直在抛出手中的安然股票。按照美国法律规定，公司董事会成员如果没有离开董事会，就不能抛出手中持有的公司股票。安然的种种不正常行为引发了投资者的质疑，并开始追踪安然的盈利模式和现金流向。

2001年8月，安然的股价已经从年初的80美元左右跌到了42美元。

2001年10月16日，安然发表2001年第二季度财务报表，宣布公司亏损总计达6.18亿美元。

2001年10月31日，美国证券交易委员会开始对安然及其合伙公司进行正式调查。

2001年11月8日，安然承认在财务上作假。自1997年以来，安然虚报盈利共计近6亿美元。

2001年12月2日，安然正式向破产法院申请破产保护，破产清单中所列资产高达498亿美元，并有312亿美元的沉重债务，成为美国历史上最大的破产企业。

安然为了保住"世界领先公司"地位，其业务不断扩张，包括传统的天然气、电力、风力、水力、投资、木材和广告等。过度膨胀的快速发展使安然无法应对经济环境的逆转，在2001年10月其资产负债平衡表上拉出了高达6.18亿美元的大口子，最终宣布破产，结束企业的生命。

雷区分析　信用风险是影响企业发展的重要因素之一

安然公司的核心业务就是从事能源的采购和销售，这种商业模式建立在信用的基础之上。在这种商业模式中，由于安然作为"中间人"，以信用为经营基础，一旦信用出现任何危机，企业的发展必定损失惨重。

此外，这种商业模式对于安然的现金流向也有着重大影响。大多数业务是基于"未来市场"的合同，尽管签订的合同收入将计入公司财务报表，但在合同履行之前并不能给安然带来任何现金流。合同签订得越多，账面数字和实际现金收入之间的差距就越大。

从震惊世界的"安然公司破产"事件中，大众创业者也可以吸取到相关的教训，要重视创业项目的信用风险与评估。

信用风险评估是指投资方根据融资方主体的商业模式、经营状况和现金流等情况对其信用风险进行评估，以此作为投资决策的基本依据。创业者和企业需要制定创业项目避免信用风险策略。

◆ 对潜在的风险进行内部引导，最好成立专门的风险管理部门。

◆ 针对抵押、交叉违约、抵销权、担保和突发事件等先签订特定的协议条款。

◆ 为融资活动和担保合约承诺建立抵押标准。

◆ 签订技术保密协议。

◆ 成立专业的法律顾问团队。

◆ 通过经济、政策和文化等对主权风险进行定期测评。

◆ 支持企业业务向多实体化、多货币化和多时区化发展，增强企业的整体实力和抗风险能力。

企业控制力评估

当企业融资成功后，企业原来的股权分配比例会发生变化。股权直接体现对企业的终极控制权利，而股权比例变化会影响企业创始人对企业的控制力，因为企业重大的事项都是由股东（会）决定的，例如，公司章程修改、董事任命、融资和上市等。

因此，创业者和企业在融资之前务必要掌握绝对控制权，将企业的决策权和管理权掌握在自己手里，同时建立股东之间的信任，提升企业的运营效率，进而维护各方的现实利益和合理的期望利益。

案例陈述　一山难容多虎，管理权四分五裂

一提到温州，第一反应就是："温州遍地黄金""温州人精明，天生具有生意头脑"。但是事实并非如此，只是温州人做生意的很多，成功的人也很多，进而带动了更多的温州人创业，成就了温州这座创业城市的神话。

自 2000 年以来，由于大量的外来务工人员涌向温州，给这座城市带来无限发展动力的同时，也造成了短租房紧张、廉租房短缺和商铺租金上涨快等多方面的问题。普通人只会抱怨疯狂增长的外来人口给城市带来的压力，但是温州商人梁于民却独具慧眼，看中了房产行业的发展潜力。

梁于民作为温州商人，在做生意的时候只信奉一个理念："不怕赔，就怕停。"因为做生意赔了可以赚回来，但是只要停了就意味着失去了赚钱的机会。

他在投资房地产之前，做过许多"小生意"，例如，打火机、皮带、纽扣和礼品盒，但是他却将这些"小生意"做大了。1995 年，他靠转卖小礼品盒和皮带赚了 30 多万元，赚取了人生的第一桶金；1998 年，他又将 30 万元投资于女装，年盈利突破 100 万元。前期做的小生意一步步形成了梁于民的"生意经"，从不停止创业脚步，2001 年，他又大胆向房地产行业进军。

梁于民并没有像传统的房地产商大搞"圈地运动"，而是采取短租房的战略。这一点再次体现了梁于民独到的商业眼光，他在温州市区人民路、府前街、公园路和大南门等主要商业街买了大量的门面。

因为品牌店不断撤离，商铺空置渐增。梁于民将"长线"

出租形式改为"短线"，推出"短租房"，经营者几个月甚至数十天一换，成了清仓处理店、折扣书店和日用品清仓店等商家的首选。

在 2001 年 6 月，梁于民和合伙人张达共同出资 800 万元成立了温州鑫业房地产有限公司（以下简称鑫业房产），其股权结构非常简单，梁于民控股 60%，张达控股 40%。2002 年，第三位合伙人关明同加入，3 人的股权发生了变化，梁于民控股 50%，张达和关明同各控股 25%。

在 2006 年，鑫业房产引入了 3 家风投，共注入 3 亿元，3 家风投公司各持股 5%。鑫业房产的股权结构再次发生变化，梁于民控股 45%，张达和关明同各控股 20%，3 家 VC（风投）控股 15%。鑫业房产的董事会成员共 6 位，梁于民、张达、关明同以及 3 家 VC 派出的董事各一名。

在引入风险投资之后，梁于民就急于上市，声称要打造一套现代化公司管理措施。鑫业房产在梁于民的管理下，推行了"家族化"的内部管理改革，将自己的亲戚安排到公司的核心位置，替代了原来的大批优秀经理人，因此，大批老员工先后离职。显然，合伙人张达和关明同已经被架空，这相当于是埋下了一颗定时炸弹，为公司内乱的爆发埋下了祸根。

2008 年 9 月，鑫业房产爆发了轰动整个投资界和创业界的内乱。张达和关明同联合风投董事会成员提议改组董事会，决定对外招聘优秀人才，取缔内部推举制度，并且任命张达为执行董事长。这遭到了鑫业房产实际控制人梁于民的反对，在拒绝提议后，双方引发了剧烈的争执。

张达和关明同联合风投董事会成员采取强制性的措施将梁于民赶下台，解聘了他的"亲信团队"。而梁于民也不甘示弱，连忙拉拢其他的董事会成员。但此时已于事无补。

在董事会投票决议中，张达、关明同及数名风投董事会成员以绝对性的优势"弹劾"了梁于民，并且将张达推上了执行董事长的位置。震惊整个地产界的管理权纷争终于告一段落。

雷区分析　创业者对于绝对控股权的把握

鑫业房地产的创始人梁于民独具商业眼光，将创业项目定位于短租房行业，由于商业项目定位得精准，企业迅速发展起来。而后企业为了上市而引入了风险投资，但是引入资本却稀释了股权，导致合伙人联合董事会成员"弹劾"梁于民，使得创业成果被合伙人强取豪夺。

从这个案例中可以看出企业的绝对控制权的重要性，而股权则是唯一能够体现控制权的依据，因此，对于创业者而言，如何牢牢把握住企业的绝对控制权是规避融资风险的核心内容。

◆　**保证绝对控股权**：绝对控股权是指股东占据 50% 以上的股份，处于绝对性优势。在绝对控股模式下，有利于创业者执掌企业的管理大权，平衡和维护其他股东的利益。但是这种模式下，其他中小股东实际上丧失了投票权，大股东往往会做出机会主义行为，如绝对控股的母公司把上市公司当作提款机，利用关联交易掏空上市公司等。

◆　**谨慎运用相对控股权**：相对控股是指在企业股东中拥有的股份所占的比例低于 50%。在相对控股模式下，小股东的控制权和监督权比较明确，当企业面临市场变化、经理人员不称职行为或决策失误时，小股东能够迅速做出反应，改变公司的经营策略。但是相对控股模式也有缺点，由于各股东均处于参股地位，董事会成员代表着不同股东的利益，重大决策和经营决策管理可能存在较大分歧，难以在短时间内达成一致的解决方案，可能延误最佳的解决时机。

明确股东的管理权

任何一个企业在融资过程中都会出现各种各样的风险，尤其是融资后的股权稀释，股东也有权利参与到企业管理中。而针对企业的管理制度，如果时常发生变化，就会让员工觉得企业规章制度不明确，有规难依，从而对企业的制度失去信心，直接为企业的管理埋下隐患。

雷区分析　股东插足内务，印染厂也摊上事儿了

青岛佳程印染厂创建于 1990 年（以下简称佳程印染厂），位于青岛环保产业园，是一家集设计、开发、生产和销售为一体的民营专业印染企业。企业资产总额 1 亿元，固定资产 7 000 余万元。

现代化建筑厂房面积 80 000 余平方米，拥有先进的印花生产线 5 条、漂染生产线两条及其他各类附属设备 2 000 台，主要生产品种有纯棉印花布、人造棉印花布、夏凉布印花布、活性斜纹印花布和靓丝印花布等。企业的年生产能力为 3 000 万米，年销售额高达 9 000 万元。产品畅销于全球十多个国家以及一百多个地区，并且企业拥有自营进出口权。

企业通过 ISO9001:2000 质量管理体系认证、ISO14001:2004 环境管理体系认证及 ISO10012:2003 测量管理体系认证。曾荣获"山东省三资企业五百强""山东省重点维权企业""青岛市重合同守信用企业"等殊荣。

但是曾经风光无限的印染厂也出现了管理失控的局面。2006年9月20日，佳程印染厂引入了3家风投，共注入3亿元风险投资，3家风投分别控股5%，且按照《风险投资项目合作协议》和《股东法》中的相关规定：股份有限公司股东大会由全体股东组成。股东大会是公司的权力机构，股东大会做出修改公司章程、增加或者减少注册资本的决议，以及公司合并、分立、解散或者变更公司形式的决议，必须经出席会议的股东所持表决权的2/3以上通过。因此，3家风投公司名正言顺地参与到佳程印染厂的管理中。

佳程印染厂在2006年年底制定2007年的运营目标和计划，在年度股东大会中，股东针对目标计划书提出以下意见：关于公司的招聘环节，尽量减少对外招聘，尤其是管理层岗位的招聘。大力推广内部选举制度，运用最少的成本来增强内部的晋升机制。

于是，佳程印染厂按照股东的意见开始招聘，于2007年正式执行。由于人事主管在2006年年底已经离职，为了保证公司的招聘流程正常开展，当务之急是招聘一名人事主管。此时，一家风投向佳程印染厂推荐了一名人选，佳程印染厂正要决定接纳这位人事主管的时候，出乎意料的是，其他两家风投也不约而同地推荐了候选人。

佳程印染厂面对3家风投的推荐人选，自身却处于骑虎难下的局面，谁也不敢得罪，最终只得召开股东大会，投票选择了其中一家风投推荐的人事主管。

本以为股东向公司推荐了最佳的工作人选，但是万万没想到，"空降兵"曾一度为公司的管理带来了混乱。

人事主管制定了一套"狼性"KPI绩效考核制度，狼性的四大特点：贪、残、野、暴。那就是对工作要"贪"，延长公司员工的工作时间；"残"是指在工作中遇到的困难要毫不留情地把它们克服，依靠自己绝不求人；"野"是在工作中要有冲劲，打破陈规旧念；"暴"则是指同事之间要保持高度警惕，尽量减少交流。

这一套"狼性"的绩效考核制度在推行阶段，所有员工都表示难以适应新规，纷纷要求进行整改。但是人事主管面对员工的意见却充耳不闻，继续推行他的"狼性"制度。

在推行"新政"的过程中，也屡屡出现朝令夕改的情况。例如，规定公司的上班时间为 9:00，但是执行了 3 天，又调整为 8:30，导致很多员工还没有来得及适应新颁布的规定，新规定又发生了变化。

在人事主管上任的第三个月，他又将整改对象瞄准公司的人事管理制度，尤其是对新员工的入职培训制度，规定新员工入职必须有 3 天的培训期，1 周的考核期，3 个月的试用期。调整后的人事政策才执行了一周，他又决定将考核期增加为 2 周。

由于人事主管毫无章法的整改，在向公司提建议无效的情况下，大批老员工离职，在职员工也怨声载道。佳程印染厂的管理层也觉得这样的行径将会造成公司内部管理失控，因此，董事会专门针对这位内部推荐的"人才"进行了讨论，最终一致决定取缔该人事主管的职务，取消内部推举制度，公司的管理层岗位均由内部晋升产生。

雷区分析　创业者对股东管理权要明确

佳程印染厂曾取得了非常辉煌的成绩，但是在此期间却出现了致命性的错误，股东插手公司的内部管理，导致公司的管理一度失控。人事主管在不了解公司内部的实际管理方法的情况下制定了"狼性" KPI 绩效考核，忽略了员工对于绩效考核的适应度。另外，对于上班时间和考核期的时长也是朝令夕改，让员工无法适应，最终导致老员工离职，佳程印染厂不得不召开股东大会重新规范人事管理制度。所以，对于企业的管理者来说，在制定企业制度的时候，需要遵循以下原则。

（1）制定公平有效的制度

合理的制度是企业发展的根本动力，企业的规章制度将成为公司员工的行为准则和努力目标，在短时期内，不应该频频变更，增减条款，变换原则，否则会引起内部管理失控。

作为制度的制定者，领导者首先要有严肃认真的态度，必须做到不轻易制定制度，一旦制定了，就要坚决执行，全力维护制度的尊严，做好表率作用。

（2）制度的制定和更新必须遵循原则

制度的制定和变更必须严格按照"先调查后执行"的原则进行，多听取各级主管、员工的意见和建议。领导者切不可闭门造车，固执己见。因为制度如果不能代表大众利益，没有获得大众的认可，是难以得到推行的。

在这一过程中，制度的制定者一定要和人力资源部、建议者及员工保持密切联系。为了避免员工日后产生抵触情绪，应该尽可能地考虑到员工的利益。

LESSON 06
FROM THE FAILURE

产品，企业打开市场的利器

在大众创业的今天，初创企业间竞争日趋激烈。而产品是企业打开市场的利器，产品质量的高低是企业有无核心竞争力的重要体现。所以，提高产品质量是保证市场占有率、维护企业形象最重要的手段。

产品质量才是硬道理

在市场经济中，企业想做大做强，就必须在增强创新能力的基础上，努力提高产品质量和服务水平。纵观国内外，每一个长久不衰的企业都存在着一个共性：生产并提供了质量过硬的产品和服务。所以，质量是企业的生命，是企业的灵魂，任何一个企业要生存、要发展，就必须要千方百计致力于提高产品质量，不断创新和超越，追求更高的目标。

缺乏质量管理意识

产品质量是企业的生命线。随着社会生产力的提高，消费市场暂时告别产品短缺的计划经济时代。在"客户至上"的时代中，企业间的竞争异常激烈。产品质量的好坏直接决定了企业的存亡，市场必定会淘汰产品质量差的企业。因此，一个企业唯有不懈追求，精益求精，方能处于行业领先之列。

案例陈述　知名乳制品企业的毁灭

内蒙古西沁乳业有限公司（以下简称西沁乳业）成立于2000年，是一家专业的乳制品综合性企业。西沁乳业是养生酸奶的开创者，抢占了酸奶市场的先机。

西沁乳业为了培育出自己的生态奶源基地，推出了"奶牛生态养殖园区"集约化管理模式。西沁乳业和当地的奶农签订了养殖协议，提供了专业化的养殖基地和技术，奶农向西沁乳业提供鲜奶。

在2003年，西沁乳业的生态养殖基地饲养的奶牛覆盖30多个区（县城），鲜奶日均产量500吨，直接带动了1 000多名奶农发展乳业。2004年，西沁乳业被政府评为"农牧业产业化重点龙头企业"。

因为企业的迅速发展，所以，仅凭借当地的奶农提供的鲜奶已经完全不能满足市场的需求。但是面对市场的巨大利润，西沁乳业的企业使命发生了微妙的变化，在鲜奶源头的质检环节中"动了手脚"，原本的3道杀菌消毒质检环节取消，西沁乳业的奶车每天直接将鲜奶运输至总基地。

在取消鲜奶的质检环节之后，鲜奶的日均产量由500吨猛增至1 200吨，因为即使是不合格的牛奶也会被"一视同仁"地收购。因此，这极大地刺激了奶农追求暴利的野心。奶农无视牛奶的质量，即使是过期的饲料，也用来喂养奶牛；另外为了催奶，还在饲料中加入了催奶激素。

西沁乳业在收购到鲜奶之后就开始投入到大批量的牛奶生产之中，在生产过程中只采用了最普通的巴氏杀菌技术，在完成生产之后就匆匆投放到市场中。

2005 年，西沁乳业的销售额高达 1.23 亿元，同比增长 26.49%，市场占有份额也提升至 26.49%。在尝到了甜头之后，西沁乳业已经被利益冲昏了头脑，完全无视产品的质量，像一匹脱缰的野马在乳制品市场中横冲直撞。

种因得果，2006 年，国家质检总局对西沁乳业的乳产品进行抽检，发现同一批次产品被检出黄曲霉毒素 M1 超标 200%。而黄曲霉毒素在 1993 年被世界卫生组织癌症研究机构划定为一类致癌物。

各大主流媒体的头版头条相继报道"西沁乳业的酸奶致癌物超标 200%"。此新闻一出，在社会上立即炸开了锅，消费者纷纷联合抵制西沁乳业的产品。在 2006 年这一年内，其市场占有率一度降至 2.35%，年度销售额锐减至 100 多万元。

事发后，西沁乳业以最快的速度承认问题，公开且郑重向社会道歉，力求最大限度减少经济损失。但是政府已经开出了 1 亿元的罚单，所有的西沁乳业在各大超市下架，并且勒令进行整改。

在整改后，西沁乳业试图再次进入乳制品市场，但是消费者已经不再买账，大量的产品滞销、员工离职、消费者投诉、投资者撤资，短时间内就欠了 9 000 多万元债务。2007 年，内蒙古西沁乳业有限公司正式宣布破产。

雷区分析　产品质量是企业的生命线

内蒙古西沁乳业有限公司作为最早一批进入酸奶市场的乳制品企业，成功地抢占了市场先机，且前期经过严格的质检环节，确保产品的质量。但是在企业发展中期，西沁乳业为了追逐利益而完全无视产品质量，在鲜奶的收购环节，由于奶农使用了过期饲料饲养奶牛，而过期饲料容易产生黄曲霉毒素，因此牛奶中也会相应地出现黄曲霉毒素，即使是高温的巴氏杀菌法也无法清除黄曲霉毒素。所以，国家质检总局会在西沁乳业的酸奶中检出黄曲霉毒素超标。最终，西沁乳业失去了消费市场，也葬送了企业的生命。

对于创业者来说，要从该案例中吸取以下的经验教训。

（1）质量决定企业的生命线长度

质量是企业生存和发展之本，直接决定了企业的生命线长度。企业只有把产品质量提高到一个崭新水平，才能将市场做大做强，让企业立于不败之地。

另外，提升产品质量也是一个关键的经济增长点，是企业降低生产成本和提高效益的有效途径。随着竞争的激烈化，企业必须走质量效益型的发展道路，全面提高质量。企业靠品牌求得生存，靠创新抢占先机，靠质量获得效益，靠文化提升形象，其重中之重是靠过硬的产品质量取胜。

（2）质量是打造企业品牌进而创造效益的前提

对企业而言确保质量安全是打造品牌的基本前提，提升质量水平是培育品牌的关键手段。良好的品牌依赖产品的高质量，没有过硬的质量，难以树立起企业的品牌形象，即使品牌形象树立起来了，也只是昙花一现，很快会被同行所击败。

质量也是创造企业经济效益的前提。尽管高质量产品与低质量产品的生产成本相差不大，但市场价格相差却是天壤之别。此外，高质量的生产制造往往会采用高新技术，提升产品生产效率，降低生产消耗，这种低成本的生产技术能够直接给企业带来巨大的经济效益。

严控质量关

随着全球经济一体化的迅猛发展，企业间的竞争日趋激烈。企业要发展，首先靠质量。一个企业的产品质量是各个部门、各个工序和各个细小的工作环节的综合反映。如何进一步提高企业质量管理水平、满足客户多样化和个性化的需求，从而在激烈的市场竞争中取胜，是摆在广大企业面前的现实问题。

案例陈述　霸王公司，质量却不霸王

江南霸王电气设备有限公司（以下简称"霸王电气"）成立于 2007 年，坐落于"淮左名都，竹西佳处"的扬州，是一家主要从事电气自动化控制产品设计、生产、销售和服务的高新技术企业。

霸王电气长期致力于工业自动化产品的研发，具备多个行业控制系统的集成经验，形成了自己独特的技术优势。先后研发了电锅炉、燃气锅炉和燃油锅炉等系列锅炉控制器，适用于热水、蒸汽、开水、燃烧机和热风炉的自动控制。

众所周知，生物质能是目前世界上应用最广泛的可再生能源，消费总量仅次于煤炭、石油和天然气，位居第四位。国家为推进生物质成型能源的发展，2008 年财政部印发《秸秆能源化利用补助资金管理暂行办法》。

为了响应"绿色低碳、科技创新"的发展口号，霸王电气开始了大胆的自主创新之路，研发和制造生物质燃料锅炉，以谋求行业先机。但是在该过程中却出现了致命性的错误。

霸王电气发现市面上已经有生物质成型燃料锅炉，其供热原理非常简单，主要是农林生物质原料（农作物秸秆和林

业剩余物等）经物理加工后，在生物质专用锅炉里燃烧，产生清洁热力，主要用于小型的农场作业。

但是霸王电气对此却嗤之以鼻，其决定对生物质成型燃料锅炉进行大改造。2011 年 6 月，霸王电气研制出新型的生物质成型燃料锅炉，产品的定位是工业市场。由于国家政策的扶持，多家大型企业采购了霸王电气的锅炉设备。

霸王电气以为研发的产品已经打入了市场，但殊不知这为产品质量问题埋下了隐患。

2011 年 11 月，其中一家购置了霸王电气锅炉的企业的后勤部要求申请对设备进行安检，但是霸王电气却称："产品已经申请国家免检，不可能会存在质量问题。"

2011 年 11 月 19 日，已经接近年关，扬州城处处张灯结彩，洋溢着春节的气氛。就在 19 日下午 3 点 40 分左右，一声巨响打破了这片祥和。

位于邗江区文汇西路的一家塑料包装材料公司的锅炉发生爆炸。当地电视台以《扬州城上空惊现"UFO"》为题，报道了此起锅炉爆炸事故：锅炉车间四周墙壁都有裂损，四周满是碎裂的砖块。周围的管道已经支离破碎，大部分管道和铁皮都扭曲变型。从炸毁的锅炉旁边还能感受到阵阵热气，隔壁的加工车间里不时还有零星的明火攒动。

面对突如其来的爆炸事件，相关部门立刻启动调查小组深入事故现场。调查结果发现：塑料包装材料公司的锅炉发生爆炸，其原因在于锅炉少安装了 3 个鼓风机。而鼓风机作为锅炉的辅助设备，对于维持锅炉高效、稳定运行有着重要的作用。锅炉在高温高压的操作环境中，由于流动性差，使得锅炉管散热强度降低，炉管破裂，炉内的蒸汽水迅速喷出形成爆炸。

追溯锅炉的供应商正是霸王电气。面对此次的爆炸事故，霸王电气承担了所有的经济损失，作为一家企业，名誉和品牌受到了严重的影响，尽管名称为"霸王电气"，但是消费者已经认为其生产的产品质量并不霸王，最终自己砸了招牌。

雷区分析　真正的霸王企业是有霸王产品作为支撑的

霸王电气作为一家创新型的高新技术公司，具有独立自主研发产品的意识，但是在研发新产品环节中犯了致命性的错误。生物能源的开发作为一个全新领域，如果企业的技术水平不能达到相应的要求，生产的产品会存在严重的安全隐患，最终会给企业造成巨大的负面影响。

因此，作为创业者或者是企业的管理者，在进行企业产品质量的管理时，都应该遵循以下的原则。

- ◆ **抓好细节，把握质量**：在生产过程中严格把关工艺水平和流程，严格执行产品生产的质量管理措施，建立起产品的生产管理的质量保证体系。
- ◆ **每个环节都制定详细的质量管理标准**：包括产品设计、工艺制作和批量生产，都要制定详细、可控的管理标准。
- ◆ **客户是最好的质量改善者**：客户是产品的使用者，对于产品的质量最有发言权。因此，企业需要虚心接受客户反馈的意见，并且积极进行调查和整改，不仅可以提高客户的满意度和忠诚度，也能使企业生产出更符合市场需求的产品。

质量决定命运

"以质量求生存，以信誉求发展"已成为广大企业发展的战略目标。在市场经济日益发达的今天，产品质量对于企业的重要性越来越强，产品质量的高低是企业核心竞争力强弱的体现之一，提高产品质量是保证企业占有市场，从而实现持续经营的重要手段。一个企业想持续发展，在增强创新能力的基础上，努力提高产品的质量水平，其中的重要性不言而喻，不注重产品质量，最终会导致企业寸步难行，功亏一篑。

案例陈述　食品龙头企业自掘坟墓，最后自取灭亡

燕京紫竹林食品有限公司（以下简称"紫竹林食品"）是加工肉类食品的大型民营企业，主要为各大食品企业提供半成品鲜肉。在20世纪90年代，紫竹林食品率先将国外的冷鲜肉速冻技术引进国内，成为中国熟食肉类品牌的领导者。

2000年，紫竹林食品的业务进一步扩大，自主生产火腿肠、培根和香肠的乳化肉。生产这一种原材料的关键在于将畜禽肉的脂肪（肥肉）打磨成细小的颗粒，然后均匀分布在整个产品内。为了将脂肪均匀分散，就需要将瘦肉中的蛋白质提取出来，作为乳化剂去稳定"磨碎"的脂肪颗粒。

蛋白质的提取不是件容易的事情，通常把瘦肉加工成肉酱，在很高的盐浓度溶液中才能提取出较多的蛋白质。提取的蛋白质一部分吸附到脂肪颗粒的表面，用来防止脂肪颗粒重新融合，其他的则保留在水中，在加热的时候互相交融，形成一种互相连接的网状结构，进而形成火腿肠特有的质感。

因此，生产火腿肠只需要瘦肉、食用盐和脂肪。而脂肪的量越少越好。一方面，脂肪过多，使胶状结构强度降低，

影响火腿肠的口感；另一方面，脂肪越多就需要提取越多的蛋白质来吸附。

紫竹林食品在透彻研究了火腿肠的做法之后，决定尝试生产火腿肠，在线下的猪肉供销社采购正规的鲜猪肉。生产过程中，为了充分利用采购原料，在火腿肠中添加了过多的脂肪，致使火腿肠的口感变差，致使食品企业采购商的购买意愿下降。

就在紫竹林食品公司愁眉不展之时，公司的生产部负责人听信了旁人的不靠谱的说法：采购"瘦肉型"鲜肉，脂肪层极薄，往往是皮贴着瘦肉，瘦肉丰满，色泽红润，是生产火腿肠的绝佳原材料。

而所谓的"瘦肉型"猪肉，就是指喂养了"瘦肉精"的家禽，大剂量地使用可以使动物体内的蛋白质沉积，促进脂肪分解、抑制脂肪沉积，能显著提高胴体的瘦肉率，但是消费者在食用了含有瘦肉精的家禽肉后会对身体有害，因此，国家法律明文规定禁止使用瘦肉精。

紫竹林的生产部通过各种手段挖掘到采购"瘦肉型"鲜肉的渠道，并且暗中采购了大量的"瘦肉型"鲜肉。果然，使用了"瘦肉型"鲜肉的火腿肠，色泽异常红润，卖相好，多家企业的采购部争相购买。

紫竹林暗暗高兴，以为找到了"发财"之路，继续加大对"瘦肉型"鲜肉的采购。由于紫竹林的产品"物美价廉"，许多超市都愿意在紫竹林进货，其中也不乏一些大型的超市。

但是好景不长，新闻媒体曝光了一组新闻：国家食品质检总局对某大型超市的火腿肠进行抽样调查，发现火腿肠中含有瘦肉精。而根据超市的进货单查询进货源，确认是紫竹林食品公司提供的渠道。

此新闻一经曝光，紫竹林第一个受到影响，食品加工厂被查封，公司的创始人和生产负责人等均被公安机关带走，而紫竹林的前途也宣告终止。

雷区分析 合格的产品才能使企业长盛不衰

紫竹林是肉类食品加工的龙头企业，但是为了赚钱而在产品的质量上动手脚，使用了"瘦肉精"，使得产品的成本降低，且产品的卖相好，成为超市采购商的首选，但是因为质检局对于食品检测结果的曝光，最终使企业快速倒闭。

从该案例中，创业者可以借鉴到以下一些创业教训。

◆ 在经济逐步全球化的过程中，企业都面临着严峻的挑战。对外占领国际市场会遇到国外各种产品的竞争，而对内保持和发展国内市场，必然也会面对竞争。这其中企业间竞争的焦点就是产品的质量。产品质量好的企业在竞争中就会不断发展，而质量差的企业在竞争中将被淘汰。这一点在很多企业兴衰存亡的实例中可以得到充分的证实。

◆ 在市场竞争中，产品质量是无声的广告，可赢得社会信誉、占领市场甚至创出名牌，获得经济效益。随着消费水平的不断提高，产品的市场容量日益饱和，竞争趋于白热化，而企业产品质量可以帮助企业立于不败之地。这种作用反映在产品的质量水准、市场声誉及其对消费者的评价等方面。凝结在产品中的以高质量为基础的产品信誉，是企业的一笔巨大的无形资产，代表着企业的高经济效益。

产品价格是否形成竞争空间

　　企业的产品要想打入市场，除了优质的质量之外，还需要制定价格策略。产品的定价策略是市场营销中十分关键的组成部分，因为产品价格的最终目标是促成销售，获取利润。这就必须要求企业考虑到产品的成本和消费者对价格的接受能力，从买卖双方的行为特征出发制定价格，因此，企业掌握定价策略，科学合理地制定销售价格是获得竞争空间的前提与基础。

考虑产品成本

　　产品成本是指企业在生产产品时产生的各种耗费。既可以是一定时期内生产一定数量产品而发生的成本总额，也可以是一定时期内生产单位产品的成本。产品成本是反映企业经营管理水平的一项综合性指标。企业生产过程中各项耗费是否得到有效控制、设备利用是否充分、劳动生产率的高低及产品质量的优劣都可以通过产品成本这一指标表现出来。因此，企业在推广产品的时候务必要考虑到产品成本。

案例陈述　手机锂电池供应商的低价策略终究还是失败了

深圳金瑜电子科技有限公司（以下简称"金瑜电子"）是一家集手机锂电池产品研发、生产、销售及服务为一体的高新技术企业，多项技术获得国家专利。2009 年已通过 ISO 9001:2000 质量体系认证和 ISO14001 环境体系认证，公司产品是国内外知名企业首选的 OEM/ODM 供应商。

在早期，金瑜电子的主要业务是手机电池的配套生产，由于采用低价策略，备受手机商的青睐，很快在竞争激烈的市场中形成了价格优势，成为手机电池的领头羊。

2006 年，金瑜电子和国内的一家大型手机品牌商合作，采用了一种很取巧的方法来延长手机的待机时间，因为锂电池的体积是固定的，将电池的保护壳做薄，电池的容量就变大了，从而使手机的待机时间更长。但是这种技术含量较低的做法，很快被其他企业竞相模仿，金瑜电子也就没有形成自己的竞争优势。

随着手机行业的发展，智能机的出现彻底颠覆了传统手机行业，智能机的多功能化、品类化和更新周期短等特点决定了消费者对手机电池的要求更高。因此，金瑜电子面临着前所未有的压力。而金瑜电子给不同的手机设计和生产锂电池，使得产品线越拉越长，品类越来越多，生产难度越来越大，最终，使得生产成本变高。

由此，金瑜电子陷入了两难的困境：如果主攻低端手机市场，将可能面临持续性的亏本，因为低端手机的消费市场逐渐减少，盈利空间有限；如果转而进攻高端手机市场，将会面临着巨大的竞争压力，因为上游市场已经形成了相对稳定的客户群，且研发的投资非常大，动辄就是上亿元。

因此，金瑜电子为了突破发展瓶颈，决定在技术上进行创新，力求在最短的时间内引进最新的生产技术。2007年，金瑜电子在全国范围内寻找最新的生产技术，不断引进技术扩大产能，2007年6月底，金瑜电子成功引入了德国最先进的生产设备，并且投入到批量生产之中。

因为当前的市场竞争并不激烈，所以，金瑜电子再次抢占了市场先机。但定价策略却出现了重大失误，为企业失去市场埋下了伏笔。

2007年11月，金瑜电子率先推出了"镁离子锂电池"，因为镁离子能够携带两倍于锂离子的能量，拥有更短的充电时间和稳定的性能，相对于其他类型的电池，镁离子电池的续航能力更胜一筹。

而关于新产品的定价策略，金瑜电子依旧采取了"低价策略"，以略低于市场均价的价格作为镁离子电池的定价，想在投入前期尽量多地满足消费市场的需求，然后在成熟期再提升产品的价格，最终实现产品的盈利。

2007年，手机锂电池的市场报价约为80元，金瑜电子将这款新产品定价为60元，产品一上市就接到了众多手机品牌商的订单。在短短的两个月时间内，金瑜电子接到的订单金额就突破了80万元。因此，金瑜电子加大了镁离子电池的生产，并且在生产过程中不断积累技术，在很长一段时间内，金瑜电子的市场占有份额都排名第一，但殊不知，源源不断的订单环境下却隐藏着巨大的危机。

在2007年年底的企业财务报表中，新品竟然亏损了5.62万元，采购进口设备花费了大量的资金，致使产品的生产成本偏高，而且为了使新产品快速打入市场而采取了低价策略，因此，新产品从一开始就处于亏损状态。这一数据无疑给金瑜电子敲了警钟。

2008 年 1 月，金瑜电子在没有任何公告的情况下就将镁离子电池的定价提升了 20 元，手机品牌采购商在接到提价的消息后，都希望金瑜电子能够保持原来的定价，但是金瑜电子丝毫不让步，坚持不低价出售镁离子电池。在协商无果的情况下，手机品牌厂商只好选择了其他的手机电池供应商。

相继失去了几个大客户后，金瑜电子的生产线就几乎处于瘫痪状态。在前期亏损了 5 万多元的情况下，提高定价又失去大宗订单，导致产品的生产停滞。

雷区分析　低价策略不是万能的，也存在着"陷阱"

金瑜电子两次抢占了市场先机，第一次利用低价策略成功，成为行业的标杆；但是第二次仍然照搬第一次的成功模式，而忽视了产品的生产成本，导致产品在一上市就处于亏损状态，后又为了扭转这一局势而强行提价，最终失去稳定的客户源，生产线处于瘫痪状态。根据这一案例，在产品定价的相关领域中，企业还要注意以下事项。

（1）适用于低价策略的产品情况

在整个大市场环境下，并不是所有的产品都适合于低价策略，企业首先需要明确产品的特性，适用于低价策略的产品往往都是价格弹性小、市场需求量大的快消品或者应用范围较广的商业用品。

因为市场的潜在容量大，产品以略低于市场均价的价格进行推广，就会刺激到市场需求，企业只需要实时跟踪产品的销售情况追加投资、扩大生产，就能够保持市场占有率。

（2）低价策略也存在一定的风险

低价策略的缺点在于风险性较大，其中主要体现在两个方面：一是市场需求量达不到预期值，企业的盈利空间有限，甚至是长期处于亏损状态，无法回收成本；二是可能会对企业的形象造成负面影响，因为产品的价格低廉，消费者会产生一种"便宜无好货"的心理，进而对商品的质量和服务提出质疑，因此，只有信誉较好的大型企业才可以长期采用低价策略。

价格要有优势

企业为了争取到更广阔的市场盈利空间，产品价格战越来越普遍，纵观当下的经济市场，价格已经成为企业在市场中取胜的重要条件。通常情况下，针对同一商品，价格越低，商品的竞争力越强。因此，企业制定并实施科学的定价策略将是企业保持持久优势、摆脱低层次竞争的重要手段，也是摆在企业管理者面前的一项紧迫任务 。

案例陈述　　为何新茶饮料不能掳获消费者的心

重庆伊佳科技有限公司（以下简称"伊佳科技"）成立于 2003 年，是一家创新型饮料、食品生产和供应商，也是专业的自动售货机运营商。

伊佳科技自成立以来，就不断加强业务能力，目前，已经发展成为中国领先的自动售货机运营商。凭借一流的运营能力，并结合物联网和 O2O 技术，已建立起覆盖全国的智能终端零售网络，在全国 21 个省、近 100 个城市提供了超过 2 万台自动售货机，为各大商城、小区、写字楼和地铁站等区域提供了便捷、时尚的专业零售服务。

2005 年，伊佳科技为了配合自动售货机的上市，弥补自身在新饮料领域的"短板"，决定自主生产一款新型的茶饮，而对于茶饮料的包装设计、消费者定位、口味选择及产品优势等都进行了专业的规划。

首先，产品的定位是充满青春朝气的年轻人，包装设计主打青春清新风格，给人青春洋溢的朝气活力感，符合现代年轻人的审美。

而在口味上，伊佳科技的市场部调研发现：现阶段的饮料市场中主流的品类为橙汁、牛奶、奶茶、绿茶和茉莉茶等，柠檬茶品牌在饮料市场中属于空白地带，具有广阔的市场空间。因此，伊佳科技选择微酸的柠檬，跳出和主流茶饮的竞争，找到了属于自己的蓝海。

产品优势是充分抓住柠檬中维生素 C 是保持年轻活力必需的营养素的优点，满足了消费者对维生素 C 的需求。

在完成了新品上市前的策划之后，还需要对产品进行定价，目前，市场上的水果类茶饮料的均价为 3.5 元，如果将该款柠檬茶定价为 3 ~ 5 元，就能够很快被消费者所接受，但是伊佳科技却反其道而行之，采用高价策略。

伊佳科技将柠檬茶的价格定为 12 元，是同类茶饮料定价的整整 4 倍，力争做茶饮料行业中的伏特加，希望通过这种高调的先声夺人的定价策略来吸引市场的注意力。在产品上市的时候，如此高的定价引发热烈的讨论，消费者都对这款贵族茶饮料产生了好奇心，欲探饮料中蕴含的"机密"。

但是对于这款天价的茶饮料，谁也不想当第一个吃螃蟹的人，纷纷持观望态度。由于市场缺乏购买动机，伊佳科技决定通过线下的造势活动来激起消费者的购买欲望。因此，在大型的商业广场中举办了新品造势活动，活动设置了游戏环节，每个环节都设置了丰富的奖品，消费者的参与度很高，当天的造势活动也算是比较成功的。

但活动过后，产品的销售额依然非常低，为了解消费者对产品的意见，伊佳科技启动了市场消费者调研，根据消费者的反馈信息来看：该产品属于新型饮料，但是价格超出同类商品的均价，对于价格的接受度非常低。

面对大量的产品滞销，伊佳科技只得暂停该款柠檬茶饮料的生产。而其他的企业也看中这个商机，迅速启动研发生产，很快同类型的柠檬茶饮迅速上市，由于价格的优势，消费者很快就接纳了其他企业生产的柠檬茶。事情发展至今，伊佳科技不得不放弃了这款柠檬茶的生产，最终将剩下的产品草草处理。

雷区分析　如果缺乏核心竞争机制，高定价策略也会失败

伊佳科技的核心业务是生产和销售自动售货机，但是为了促使业务的全方位发展，市场部发现了柠檬茶在行业中的商机，在进行了周密严谨的策划之后正式进军饮料行业，但是在制定产品价格时采取了高价策略，超过了消费者的心理承受能力，因此，尽管进行了造势活动，却仍然无法被消费者接纳。对于企业的商品高价策略来说，还是应该注意以下一些事项。

（1）高价策略的适用条件

如果企业对商品采用高价策略，需要考虑到下面一些适用条件。

◆　商品存在着一批购买力很强，且对价格不敏感的主力消费群体。

◆　市场上同类产品较少或者是没有，企业有足够的竞争优势。

◆ 当竞争对手加入的时候，企业有能力转换定价，通过性价比来提升产品的竞争力。

（2）高价策略的优缺点

企业利用高价策略能够使新产品在上市之初就迅速收回成本，降低投资亏损的风险。当产品进入到成熟期时，面对市场的竞争压力，企业可以通过适当调节价格，吸引潜在的消费者，尤其是对于产品价格很敏感的消费者。

但是高价策略也存在着一定的缺点，因为高价产品的市场规模有限，不利于市场的开拓，容易导致新品开发失败。一旦"山寨产品"涌入市场中，迫使商品的价格大幅下降，若没有制定有效的策略，高价商品的生存空间将会被遏制。

因此，高价定价法是一种追求短期利润最大的定价策略。在消费者消费行为日趋理性的今天，如果价格机制的准备不完善，则会影响企业的长期发展，采用这一定价策略务必要小心谨慎。

研究消费者心理

在如今消费市场中，商品定价不仅需要立足于企业自身的实际情况，更重要的是以消费者为中心，透彻研究消费者的消费心理。而消费者心理主要是指购买和消费商品过程中的心理活动，其中包括消费者观察商品、搜集商品信息、选择商品品牌、决策购买、使用商品形成心理感受和心理体验等。

企业通过研究消费者心理，了解到不同消费层级的消费者对于商品的选择标准，最终生产出满足消费者需求的商品，提升企业的市场占有率。

案例陈述 大型办公公司研发的商品被市场"嫌弃"

成都天逸办公设备有限公司（以下简称"天逸办公"）成立于 2005 年，是国内专业从事办公空间设计和中高档办公家具生产的现代化企业。其产品包括文件柜、办公桌、会议台、胶板、屏风、转椅、沙发和别墅家具等。

天逸办公占地面积 1 万余平方米，拥有甲级商务办公楼、产品展示厅及现代化的生产厂房。公司通过了 ISO9001：2008 版全面质量体系认证及国家质检总局的历次产品统检，并被四川省相关协会评为家具行业综合实力"百强企业"。

随着业务的发展，天逸办公不断在办公设备领域取得了突破性的成就。随后，天逸办公的产品部又将目光聚焦在创意办公设备领域，不少企业为了缓解繁重的工作压力，往往会在办公设备上进行创新，而创意办公桌成为首选。天逸办公在看到国外的一款可折叠的书桌创意时受到了启发，设计了一款可移动的书桌，如图 6-1 所示。

图 6-1 创意移动书桌

书桌是小清新的风格，其设计看似简单，却暗含着很多趣味，桌面桌底部分是收纳空间，强大的暗藏式收纳结构能提供良好的收纳空间，保持办公桌的整洁，颠覆了传统书桌给消费者的死板、方正的印象。

天逸办公以为这款简约风格的办公桌能够获得市场的青睐，但是事情却出乎意料，不少企业的办公设备采购人员在展厅中都驻足观看了这款产品，但是在销售人员介绍之后，却放弃了选购产品的念头。

天逸办公在和一位采购商沟通后才了解到其中的原因，原来，虽然这款办公室的设计理念简约，但是却不适合作为企业的办公桌，因为办公桌是单人办公桌，占地面积大，且价格相对较贵，超出了公司的承受能力。

在了解了采购商的想法之后，天逸办公将办公桌再次进行改良，将办公桌设置为双人办公桌。但是这种办公桌仍然滞销，另一位采购商直言："因为从整体上看来，办公桌的结构臃肿，缺乏美感，不适用于企业的办公桌。单人办公桌更加适合企业办公。"

面对两个客户的不同需求，天逸办公决定先暂时停止生产这款办公桌，并且在接下来很长时间内对消费者的需求进行了研究，在充分了解了消费者需求后才开始进行产品的生产。

雷区分析　研究不同消费层级的消费者的需求

天逸办公在办公设备行业中具有较多的经验，但是在设计新办公桌时却屡屡受挫。其根源在于没有透彻地研究不同消费层级的消费者的实际需求。天逸办公最先生产的是单人办公桌，但是采购商却明确表示办公桌的占地面积大，商品的价格偏贵，从侧面说明了该企业属于小微型企业，公司的办公面积较小，需要多人办公桌，天逸办公没有透彻理解到采购商的意图，进而将单人办公桌改制成双人办公桌。而另外的采购商却又说办公桌设计臃肿，不符合公司的审美，仅从该采购商的想法中就可以看出该企业的规模较大，需要单人办公桌，且对于产品的设计风格和要求较高。而天逸办公却沉浸在接连的失败中，停止了产品的设计。因此，关于消费者的心理，创业者也需要进行透彻的研究。

（1）影响消费者购买决策的因素

通常情况下，影响消费者购买决策的因素可以分为以下几大类。

◆ **环境因素**：文化环境、社会环境和经济环境。

◆ **附加因素**：价格、质量、性能、款式、服务和广告。

◆ **个人因素**：年龄、性别、纸业、经济收入和个性化需求。

◆ **心理因素**：消费动机、信念态度和学习行为。

（2）消费者的心理特征

消费者心理则是消费者在一系列心理活动的支配下，为实现预定的消费目标而做出的各种反应、动作和行动。消费者心理往往是研究的重点，如下所示是消费者的心理特征。

◆ **消费者心理的目的性**：即表现为消费者以满足消费需要、实现消费动机、得到期望的消费体验为目的。

◆ **消费者心理的自觉性**：任何消费行为是在消费者自觉地支付了相应的货币之后才能实现。

◆ **消费者心理的多样性**：消费活动的复杂多样性决定了消费者心理复杂多样，进而造就了消费者需求的多样化。

◆ **消费者心理的关联性**：当消费者满足和实现了一种消费需要的时候，为了得到更加满意的消费体验，会对其他关联性较强的商品产生消费需要和消费动机。

售后服务是否跟上步调

在当前百花齐放的商品经济时代，产品的质量和价格若是"第一次竞争"，那么，产品的售后服务就是"第二次竞争"。售后服务则包括产品销售配套的包装服务、送货服务、安装服务、三包服务（包修、包换、包退）、排除技术故障、提供技术支持、寄发产品改进或升级信息、与客户保持经常性的联系、产品使用联系及建立客户档案及、集整理客户信息资料等服务。因此，售后服务实际上就是更深层次的、更高标准、更具有战略意义的竞争。

完善售后机制

售后服务也能决定企业的发展命运。售后服务是质量管理过程的延续，是实现商品使用价值的重要环节。售后服务工作作为产品使用价值的一种服务措施，可以为消费者排除后顾之忧。另外，在售后服务工作中，可以收集到消费者使用心得、意见及改进措施，进而有针对性地改良产品，更好地满足客户的需要。

案例陈述　缺乏售后服务的企业也只是昙花一现

"你好！请问你是捷运电器的售后服务部门吗？我们家上周买的空调突然不能启动，能不能麻烦你们派技术员过来帮忙查看一下？"

捷运电器售后服务部在接听到一位消费者的申请售后服务的请求后，便立刻派出了专业的售后工程师前去客户家里检查维修。但是最后的检修结果却是空调遥控器的电池没电了。

这已经不是第一次出现这种情况了，每天接到很多申请维修的电话，捷运电器服务部的服务热情渐渐变淡，再接到申请服务电话的时候，客服人员的态度逐渐冷淡，对待客户的申请也敷衍了事。

王先生在捷运电器购买了一台液晶电视，但是在安装完毕后发现屏幕出现了明显的刮痕，于是，打电话到捷运电器客服部申请退货。但是客服部人员在接到电话之后却说："如果产品出现非人为的损伤，需要立即向送货人员说明，才能申请退货。"

王先生对捷运电器的霸王服务条款感到很失望，只好拿着电视的"三包"证明和购买发票亲自到客服部门讨要说法，但是在客服部却出现了戏剧性的一幕。捷运电器只承认该商品是在店里购买的，但是拒绝承认刮痕的问题是公司的责任，并且只肯提供有偿维修的服务，即王先生需要花费 1 000 元来更换电视的显示屏。

面对如此霸道的售后服务，王先生对捷运电器彻底失望。于是决定通过电视台、消费者协会和工商局来维护自己的合法权益。

　　王先生将捷运电器的霸王售后服务如实向当地的媒体曝光，并且在消费者协会对于捷运电器的恶劣服务行为进行了投诉。于是，媒体联合消费者协会演出了一场"维权大戏"。

　　电视台记者装作是消费者，随身携带录音器和摄像头，暗中拍摄了在捷运电器购买一台洗衣机的全过程。在购买过程中，店里的销售人员像对待上帝一样对待记者，并且信誓旦旦地承诺："在三包期内，如果出现了非人为损坏，无条件换货退款；在规定的保修期内，免费上门服务。"

　　记者在付款之后，捷运电器的仓库部门就安排发货，很快，洗衣机就被送到了记者的家里。

　　在一周后，记者打电话向捷运电器申请售后服务，但是捷运电器的客服部门却称："维修工程师在外参加培训，无法提供上门服务。"

　　第十天，记者再次拨打捷运电器客服部的服务热线，客服部回应记者："由于商品已经超过规定的保修期，如果需要提供上门服务，则需要支付一定的维修费。"

　　但是在商品的保修说明书中，列明洗衣机的保修期为一年，若在一年以内出现任何问题，捷运电器提供免费的上门维修服务。而捷运电器的客服部再次以"最终解释权归捷运电器所有"的说法推卸责任。

　　记者的每次通话记录都已经录音，且之前在店里购买洗衣机都是采取全程跟踪拍摄，现已证据确凿。媒体向当地的消费者协会和工商局提交了证据，消费者协会在跟捷运电器的客服部主管沟通无果的情况下，将这一维权事件反映给当地的工商部门。

　　工商部门在接到维权案件后，进行了深入调查，并依照国家工商总局《合同违法行为监督处理办法》的规定对捷运电器给予警告，处以一万元以下罚款。

消费者本身对于捷运电器的口碑就较差，再加上媒体大量的负面报道和工商局的罚款处分，一时间，捷运电器被推上了风口浪尖，企业的运营出现了前所未有的危机。在连续3个季度亏损的状态下，捷运电器的负债已经高达600多万元。

在同年10月，压垮骆驼的最后一根稻草出现了。在捷运电器对面新开了一家电器门面，其凭借良好的产品质量和售后服务抢了捷运电器的生意。在不堪重债的情况下，捷运电器只好选择了关门。

雷区分析　售后服务质量也会影响企业的运营

售后服务是售后最重要的环节，而捷运电器却明知故犯，无视售后服务质量，面对消费者的售后申请，提出许多霸王条款，消费者在协商无果的情况下选择了媒体曝光，致使捷运电器的声誉一落千丈。通常，企业的负面消息被媒体曝光后，都会对企业产生严重的影响，信誉尽毁，对企业造成毁灭性的打击。因此，企业需要明确售后服务环节的重要性，提升用户对商品和服务的满意程度。

（1）售后服务的重要性

从客观角度来看，服务行业都是品牌经济的产物。因为优质的品牌往往都会为消费者提供优质的服务。当消费者在购买商品的时候，企业提供的售后服务能够左右消费者购买的决心。而同类商品质量和价格相似的情况下，消费者会更加倾向于售后服务良好的商品。

在现代经济市场中，竞争本质都属于服务经济，以服务为导向的运营战略已经成为现代企业管理的核心，而售后服务则属于重中之重。因此，企业必须树立"消费者至上"的核心价值观，逐渐培养企业以客户为中心的文化理念，运用客户服务的理念、方法和行为规范来指导和完善企业的客户服务工作，从而帮助企业在激烈的竞争中站稳脚跟，实现企业的营销目标。

（2）如何处理与消费者的纠纷

在信息化时代，信息传播的速度快、覆盖面广且影响大，如果企业管理者没有社会化事件的处理意识，往往会给企业带来惨重的损失。

当企业和消费者产生纠纷的时候，管理人员需要在第一时间了解情况，主动承担责任，化解消费纠纷，将大事化小，小事化了。而一旦牵涉消费纠纷，消费者协会就充当了重要的角色。

【提示】

消费者协会是依法成立的，对商品服务进行社会监督，保护消费者权益的社会团体。它的一个重要职能是受理消费者的投诉，并对投诉事项进行调查、核实和调解。但消费者协会是一个社会团体，不是国家机关，调解属民间性质，不具有法律强制力。

如果消费者协会出面协调消费纠纷，则说明纠纷已经升级，如果企业不及时处理，纠纷只会越闹越大，最终对企业的形象和信誉带来毁灭性的打击。因此，企业管理者需要在最短时间内处理好纠纷，调节的原则是双方自愿的，如果企业表明态度，赔偿消费者的损失，并且承担相关的责任，则很容易化解纠纷；若企业不知悔改，回避问题，则消费者协会可向当地工商局反映情况，请求处理。

提供专业的售后

企业建立和完善专业的售后服务机制，能够以最低的成本确保消费者的满意程度，降低消费者的投诉率，提升消费者对企业的口碑。通常情况下，售后服务体系内容涵盖面较广，除了基本的商品维修、退换、保养和投诉处理等内容外，还包括信息采集和反馈、售后服务网络建设及危机公关处理等多项拓展性内容。

案例陈述　　服务人员粗心失去投资

珠海新世纪商业贸易公司（以下简称"新世纪商贸"）是一家以分销、物流为主营业务的大型多元化集团公司，经营产品涉及饮料、食品、日用百货、电器、服装、皮具和实业投资等多个领域，是国内分销、物流行业的领军企业之一。

新世纪商贸的业务能力在近几年迅猛发展，在多方面均取得了瞩目的成绩。2013 年 3 月 2 日，日本住友商事株式会社董事、东亚地区总代表和中国区域 CEO 等人对新世纪商贸进行了考察，尤其对其分销业务进行了深入考察。

住友商事株式会社了解新世纪商贸的运输、储存和促销等方面业务，其中重点咨询了库存的管理、零售点的覆盖、陈列管理、信用提供、促销的设计和执行、物流运输和货款回收等方面的细节。

在项目考察过程中，新世纪商贸凭借科学完善的管理制度和出色的业务水平，赢得了住友商事株式会社投资者的信心，并决定将新世纪商贸打造成跨境分销平台，还拟定于 2013 年 3 月 20 日签订投资协议，而这期间作为合作公司的考核期，通过考核方能签订投资协议。

在 2013 年 3 月 9 日，住友商事株式会社中国区域代表和新世纪商贸就投资项目和领域再次进行了交谈，在此次交谈中再次扩展了投资项目的领域，其中包括境外商品品类、境外商品货源供应商、国际物流和国际分销业务拓展等内容。整个项目的投资以国内分销为主、国际分销为辅，形成全方位的发展模式。

因为国际分销业务涉及的领域较多，需要有国际分销的经验为指导，而新世纪商贸曾经涉足过东南亚的分销业务，但是由于投资的风险过大，新世纪商贸浅尝辄止。

而这次有住友商事株式会社这个强大的靠山作为支撑，新世纪商贸决定放手一搏。尽管没有百分之百的把握，但是为了稳定投资者的信心，新世纪商贸同意了这次跨境分销业务合作，并将已经制作好的项目计划书提交给对方。之后，就开始静候佳音。而所谓"好事多磨"莫过于此，住友商事株式会社在 3 天后回复新世纪商贸，对方提出要求，要考核项目的部分样品。新世纪商贸立即将正准备上架的一款样品寄给了融资方。

由于运输过程中样品出现了一定的损伤，因此，住友商事株式会社为了确认商品的上架时间与计划书的日期是否一致，拨打了项目计划书中的客服热线进行咨询。

售后客服人员在接到住友商事株式会社的电话后，询问了商品编号，样品标记的编号是 113156306，而客服人员却将编号输成了 113156305，导致最终的查询结果南辕北辙。住友商事株式会社在得到新世纪商贸客服的回复后，决定撤销对其的投资。

2013 年 3 月 20 日，日本住友商事株式会社的中国区域的负责人很委婉地告诉新世纪商贸："由于贵公司无法向我们提供精准的商品项目信息，无法保证我们的合作顺利开展，因此，我们决定停止和贵公司的合作。"

新世纪商贸面对所谓的"精准的商品项目信息"，完全是丈二和尚摸不着头脑，为了挽回投资者，新世纪商贸连忙询问原因，但是对方却以商业合作已经终止为由，并未告诉其真实的原因。

事后，新世纪商贸通过多方面的打探，最终才知道真相，因为样品在运输过程中出现了破损，融资方无法了解样品的上架时间，因此，打电话咨询客服，而客服却因粗心输错了产品的编号，最终出现了截然不同的结果。日本住友商事株式会社则认为新世纪商贸在欺骗自己，进而取消合作的计划。

雷区分析　企业要注重提升服务人员综合能力

新世纪商贸在分销领域取得了突出的成就，进而吸引了日本住友商事株式会社的注意，在进行考核之后，初步决定与之合作。但是在考核期间，新世纪商贸却由于大意犯了不应有的错误。最终，日本住友商事株式会社停止了对其的项目投资。因此，企业需要重视对于客服人员的培训。

客服人员的能力在很大程度上代表整个企业的形象和能力。而客户服务是一种以客户为导向的价值观，整合了企业在销售过程中设定的最优成本。客服人员是企业综合性服务的窗口，也是企业与客服进行信息交流和沟通的关键渠道，更是化解各种复杂矛盾、持续改进服务质量的重要环节。

因此，企业需要加大对客服环节的重视，尤其是售后客服环节，并且针对客服人员制定相关的培训机制，具体如图 6-2 所示。

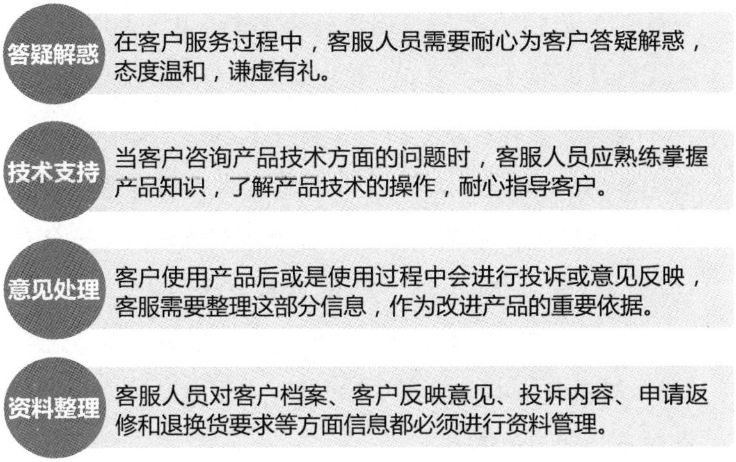

答疑解惑 在客户服务过程中，客服人员需要耐心为客户答疑解惑，态度温和，谦虚有礼。

技术支持 当客户咨询产品技术方面的问题时，客服人员应熟练掌握产品知识，了解产品技术的操作，耐心指导客户。

意见处理 客户使用产品后或是使用过程中会进行投诉或意见反映，客服需要整理这部分信息，作为改进产品的重要依据。

资料整理 客服人员对客户档案、客户反映意见、投诉内容、申请返修和退换货要求等方面信息都必须进行资料管理。

图 6-2　客服人员的培训内容

提升售后服务团队效率

很多企业总是抱怨客户不好伺候，而从不反省自身的服务效率。当客户在提出售后申请后，如果企业的服务响应快，处理问题的态度好，客户则会对企业的服务留下较好的印象；如果企业没有快速响应客户的请求，也未及时处理客户的问题，那么客户就会对企业的服务留下差的印象。

因此，归根结底，客户的抱怨多半源于企业本身，因为企业达不到客户想要的快捷、方便和及时的服务需求，所以，企业需要不断提升团队的服务效率，来提升客户的满意度。

案例陈述 售后响应时间过长惨遭投诉

上海东方之光科技股份有限公司（以下简称"东方之光科技"）是 LED 照明控制器的领导者。从 2000 年起，东方之光科技开始致力于 LED 智能控制技术的研究与创新。

东方之光科技研发的产品通过 ISO9001 质量管理体系、ISO14001 环境管理体系、QC080000 有害物质过程管理体系及 OHSAS18001 职业健康安全管理体系认证，大多数产品通过了 CE、ROHS、ETL、EMC 等欧美国际认证，远销美国、澳大利亚、印度和新加坡等 100 多个国家和地区。先后获得"国家级高新技术企业""上海市守合同重信用企业"及"上海知名品牌"等殊荣。

作为一家大型的上市企业，东方之光科技不断加快国际市场的拓展，但是因为售后服务团队效率没跟上，曾经出现过被海外市场投诉而惨遭抵制的情况。

在 2011 年 9 月，美国的一家高档购物商场和东方之光科技签订了一笔订单，按照美方的要求设计了一款 LED 吊灯。东方之光科技凭借一支经验丰富的设计团队，很快就完成了初稿的设计，美方客户在收到设计样稿之后很满意，立即表示需要 100 盏 LED 吊灯。

从设计到完成生产，一共花费了 3 个月的时间。产品一完工，东方之光科技就将产品运往美国，由于考虑到国际物流的风险性，其还专门为这批产品购买了运输保险。当产品到达美国由东方之光科技的安装工程师安装好后，即对商城的负责人承诺了相关的服务协议，其中包括了产品的安检时间、客服热线服务、技术支持、售后服务响应时间和紧急售后处理预案，并签订了具有法律效力的《售后服务承诺书》。

在完成工作后，东方之光科技的工程师就返回了国内。由于东方之光科技并没有在海外设置任何的办事机构，导致其中国的服务团队的服务范围无法覆盖到海外市场，为企业惨遭投诉埋下了伏笔。

在 2012 年 5 月，该商城的 LED 吊灯的安检周期已到，商城的负责人通知东方之光科技对产品进行安检。但是东方之光科技在这段时间正处于销售旺季，安检工程师忙不过来，在 7 月底，东方之光科技才派出安检工程师安检。

在 2012 年 9 月，东方之光科技接到商城的维修申请，商城反映称："LED 吊灯出现了松落的现象，为了防止安全事故发生，必须尽快安排技术人员进行检修。"

但是东方之光科技却认为商城是小题大做，只是很敷衍地回复商城："吊灯的安装采用了'眼见为虚'的安装法，看起来就像会掉落一样，但是实则不会。"

在 2012 年 10 月 5 日，由于东方之光科技的全体员工都在休国庆假，所以根本没有接到商城的投诉电话。直至 10 月 8 日上班之后，东方之光科技才收到美国商务部下属的国际贸易管理局的 300 万美元的天价罚单。

原来，在 2012 年 10 月 5 日，商城出现了一起安全事故，LED 吊灯突然掉落，造成 3 名顾客受伤，商城秩序一度出现混乱。而商城曾在 9 月向东方之光科技反映过这一情况，但是并没有得到东方之光科技的及时维护。因此，商城在美国商务部下属的国际贸易管理局推出的打假、举报、停止假货网站（STOPfakes.gov）上对东方之光科技进行了举报。

雷区分析 企业在拓展国际业务时也需设置海外服务部

东方之光科技业务能力发展很快，但是售后服务却没有跟上，尤其是国际业务的服务能力。东方之光科技在接到商城反映的安全隐患时不重视，最终出现了安全事故，收到 300 万美元的天价罚单也是情理之中的事。因此，对于企业来说，需要重视售后服务的效率。

（1）制定完善的售后服务支持

企业需要建立完善的售后服务支持，提供多种不同形式的服务方式，满足不同客户申请售后的需求，具体内容如下。

- **电话支持**：7×24 小时的电话服务机制。
- **在线支持**：若产品和服务出现任何问题，可选择 QQ、网站客服和售后服务系统进行在线咨询。
- **上门服务**：在保修期内提供免费上门维修服务，超过保修期则需要支付一定的维修费。

（2）售后服务紧急处理预案

甲方客户若因为特殊原因提出了紧急处理服务申请，乙方企业需启动以下紧急预案机制。

- 甲方客户提出紧急申请之后，乙方工作人员在半小时内（非工作日 2 小时内）成立紧急故障处理小组。
- 乙方在 1 小时内（非工作日 2 小时内）赶赴甲方客户的处理点。
- 乙方对服务的实际难易程度进行评估，一般难度需在 24 小时内完成。为保证服务顺利进行，甲方需要配合乙方的工作。
- 在售后问题处理完成之后，乙方针对此次紧急售后进行总结，分析原因，并不断改进服务质量。

LESS⦿N 07

FROM THE FAILURE

防不胜防，创业风险控制

在创业过程中，风险始终贯穿着整个流程，从创业初期的项目选择到创业中期的融资，再到成熟期的企业管理。因此，创业者有准备地、理性地进行创业，对创业进程中风险问题进行分析，从而降低风险造成的损失。

企业发展路线的风险

在创业过程中，企业的发展路线是决定企业命运的重要因素。企业制定了明确的发展路线就等于成功了一半。例如，视频网站依靠网络视频播放和下载来赚钱；快递公司主要靠快件承运而发展；装修公司则借助各种装修业务谋求盈利。因此，不同的企业发展路线不同，企业为了规避发展道路上的风险，首先就应该明确适合企业的发展路线。

营销战略失误

企业的营销战略是指企业在现代市场营销的背景下，为实现企业的发展目标，对市场营销发展制定的总体设想和规划。

由于战略目标是市场营销和企业管理中重要的部分，确定了企业的长远发展目标，并且指出了企业实现目标的策略和途径，所以，企业的营销战略必须与企业的宗旨和使命相吻合。

案例陈述　IT界龙头企业的滑铁卢

北京创彩科技有限公司（以下简称"创彩科技"）是致力于 IT 数码产品研发、生产和营销的创新型企业。企业成立于 2003 年，凭借科学完善的管理制度，使得企业长期稳稳地霸占了 IT 数码界的第一把交椅。

随着 IT 数码市场开始进入规模化，各大企业纷纷开始打起了"价格战"，整个 IT 数码界瞬间硝烟弥漫。在经历了多次的价格战之后，IT 数码行业最终形成了连锁终端营销模式，小型企业被吞并，规模化的厂商开始出现，致使行业的利润不断下降，行业开始进入到微利时代。

创彩科技正处于这个"大鱼吃小鱼，小鱼吃虾米"的环境中，由于大型厂家和终端厂商的不断打压，企业的发展之路越来越窄。因此，创彩科技走上了营销渠道改革的道路。

在 2009 年之前，创彩科技实行的是"代理制"的营销模式，为了全面掌握市场营销的最新情况，企业需要将传统的代理制转变成自营制。由此，创彩科技正式开始了狂风暴雨式的渠道改革。

为了精简结构，2009 年 2 月，创彩科技将全国范围内拥有的 100 多家分公司和办事处关闭了 70 多家。之后又对经销商提出了新政策：只接受现款提货。

而针对"现款拿货"，从理论上来分析，创彩科技在拿到现款之后，提高了资金周转速度，有更多的资金用于研发新品，打造新的品牌，对于企业的发展有实质性的促进意义。

而经销商对于"现款提货"是非常排斥的，因为他们没有厂家终端和市场的支持，会徒增运营风险。唯一决定经销商市场竞争力的就是企业的品牌影响力和整体实力。而创彩科技只是作为 IT 数码产品的制造商，没有形成独立的品牌效应，因此，许多经销商放弃了和创彩科技的合作。

在这种错误的营销战略引导下，创彩科技再次犯错。2009 年 10 月，创彩科技认为线下的销售渠道已经完全能够满足企业发展需求，因此，解散了自己的销售团队。为了节省人力资源成本，创彩科技还取消了售后服务部门。

很快，创彩科技就尝到了错误营销战略带来的苦果。由于创彩科技产品缺乏核心竞争力，无法和大品牌竞争，导致销量直线下降，市场占有率越来越低。

更为糟糕的是，由于创彩科技解散了客服部门，导致无法为消费者提供售后服务，因此，创彩科技被消费者投诉，最多的时候，北京消费者协会在短短 3 天内收到了 200 多个投诉电话。

创彩科技的产品销量大跌，造成前期投入的资金无法回笼，导致现金流断裂。在 2010 年 3 月，创彩科技已经连续 5 个季度亏损，其负债额高达 900 多万元，已无力回天，只得于 2010 年 4 月宣布破产。

雷区分析　企业务必创建稳定的营销团队和渠道

创彩科技在前期取得了较大的成就，在全国范围内拥有 100 多家分公司，且拥有大量的经销商，从侧面看出"代理制"是创彩科技营销战略中很成功的模式。但是随着竞争的加大，行业呈现出规模化的运营，而创彩科技仅为了节约成本，就对经销商提出了"现款提货"的要求，导致创彩科技失去了大量的经销商。而最致命的错误营销战略在于解散自己的营销团队和客服团队，这意味着直接失去了企业最关键的营销力量，而市场的销量不乐观，企业就直接失去了现金流，最终导致企业破产。因此，对于企业的管理来说，创建自身的营销团队和渠道才是重中之重。

（1）制定营销战略要考虑的因素

营销战略是一种思维方法，也是一种整体规划，因此，企业在制定营销战略的时候，需要结合多方面的因素，具体如图 7-1 所示。

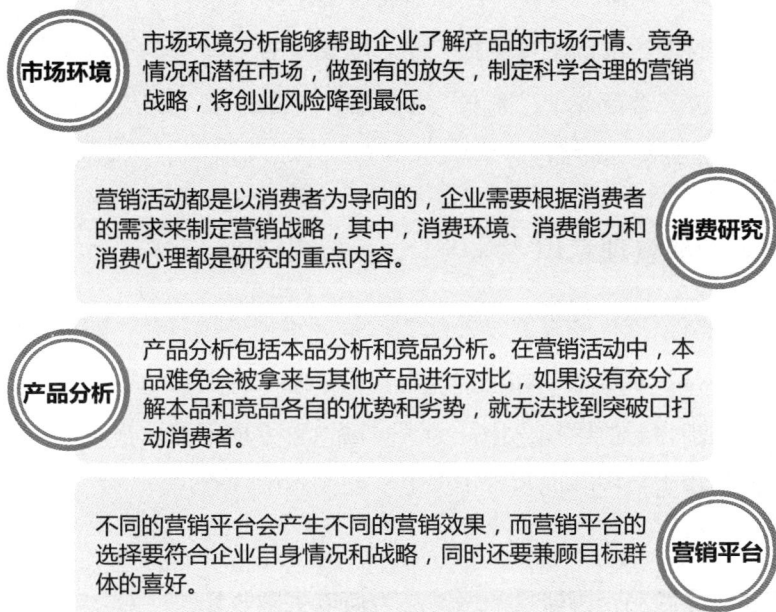

市场环境 市场环境分析能够帮助企业了解产品的市场行情、竞争情况和潜在市场，做到有的放矢，制定科学合理的营销战略，将创业风险降到最低。

营销活动都是以消费者为导向的，企业需要根据消费者的需求来制定营销战略，其中，消费环境、消费能力和消费心理都是研究的重点内容。 **消费研究**

产品分析 产品分析包括本品分析和竞品分析。在营销活动中，本品难免会被拿来与其他产品进行对比，如果没有充分了解本品和竞品各自的优势和劣势，就无法找到突破口打动消费者。

不同的营销平台会产生不同的营销效果，而营销平台的选择要符合企业自身情况和战略，同时还要兼顾目标群体的喜好。 **营销平台**

图 7-1　制定营销战略需要考虑的因素

（2）营销战略的制定步骤

在变幻莫测的市场中，企业如何才能在激烈的竞争中占有一席之地呢？营销战略的重要性不言而喻，其制定也需要遵循一定的步骤，具体内容如下。

◆ **第一步，分析市场机会**：企业对市场行情、消费者行为及同行竞争者进行深入调查研究，发现和评估潜在的商机，选择最佳的发展模式。

◆ **第二步，选择目标市场**：企业首先对目标市场进行细分，分析每个细分市场的特点、需求和竞争状况，并根据自身优势选择目标市场。

◆ **第三步，确定营销策略**：制定企业营销策略是关键环节。为了满足目标市场的需要，企业对各种营销要素进行优化组合，例如，质量、包装、价格、广告和销售渠道等。

◆ **第四步，市场营销管理**：企业营销管理的最后一个程序是对市场营销活动的管理，包括 3 个方面：市场营销计划、市场营销组织和市场营销控制。

树立创新管理意识

随着经济全球化的发展，外部的竞争环境越来越复杂，缺乏创新管理意识的企业会举步维艰，如果企业内部再面临"守旧势力"的坚持，企业将会陷入故步自封的困境之中。为了突破这种发展困境，企业可通过改变组织内部结构去适应外部不可控因素，即创立管理意识。

案例陈述　保健品帝国研发的保健品为何以失败收场

山西锦辉集团创立于1996年（以下简称"锦辉集团"），是一家集保健品研发、生产和销售为一体的现代化大型保健品集团，在全国的医药企业中排名第 6 位，是"中国民营企业竞争力 500 强"企业、山西省工业十强企业、山西省民营经济龙头企业。

2009 年 9 月，锦辉集团获得了国家卫生部保健食品部门的批准，开始研发第四代保健品——降血脂软胶囊。在此之前，锦辉集团曾成功打造了软骨素加钙片、儿童维 C 咀嚼钙片和运动蛋白质粉等保健品。

在多年的广告狂轰滥炸之下，保健品市场的降血脂产品已经渐趋饱和。所以，在降血脂软胶囊的推广上，锦辉集团倾注了大量的精力，产品的前期市场调研费就狠狠砸了 3 000 万元，这也彰显了锦辉集团的必胜决心。

在完成了市场调研之后，锦辉集团发现，尽管降血脂保健品市场已经进入到成熟期，但是市场对于该类保健品的需求仍然较大。如果选择一个有发展潜力的细分市场作为切入点，再加上广告的宣传，很有可能在这个细分市场中取得突破性的成就。

很显然，降血脂的主力消费群体是中老年人。锦辉集团营销思路非常清晰：高血脂不具备明显的临床症状，但是高血脂症是引发心脑血管疾病的头号杀手，而中国的大部分中老年人都患有高血脂。而该细分市场则缺少领导品牌，这也为自己的产品打入市场提供了绝佳的机会。

降血脂软胶囊的产品理论是饮食结构变化带来的隐患：大鱼大肉替代五谷杂粮，时间一长就会患上各种疾病，比如，高血压、高血脂和甘油三酯高等。而降血脂软胶囊是一种保健产品，主要成分是鱼油、天然维生素 E、明胶和甘油等，能有效地降低血液中的甘油三酯含量，调节血脂，恢复血管的弹性，起到保护血管的作用。

经过重金打造的降血脂软胶囊在 2009 年 11 月正式上市，锦辉集团再次砸下 1 亿元的广告费进行大规模的宣传推广。

广告覆盖面极广，重点投放区域在国内的一线城市，尤其是北上广深等超一线城市。广告的投放渠道大多采用传统的方式，包括报纸、电视、广告牌、电台宣传、杂志、楼宇海报、分众传媒和地铁海报等。

然而，锦辉集团这种财大气粗的做法并没有换来相应的回报，由于投放的时候忽略了对广告的目标群体分析，只是大规模地进行广告"轰炸"。到 2009 年 12 月，产品的销售额仅为 300 万元，市场占有份额也非常低，根本没有达到预期的目标。2010 年初，锦辉集团再次砸下 5 000 万元进行市场推广，但是仍然没有达到销售目标。

截至 2010 年 2 月，产品累计销售额为 800 万元，而这款商品的市场调研花费就达 3 000 万元，推广费用为 1.5 亿元，刷新了行业的亏损纪录。

2010 年 3 月，锦辉集团停止了对一线城市的广告投放；2010 年 6 月，锦辉集团暂停了降血脂软胶囊的生产。

雷区分析　缺乏创新的营销渠道只会事倍功半

锦辉集团研发的降血脂软胶囊在斥巨资的推广下，为何还是落得失败的下场？其最主要的原因是推广渠道的选择错误，其砸下 1 亿元广告推广费，但是推广渠道都是传统的线下渠道。

在新媒体广告形式层出不穷的时代，传统媒体的成长空间越来越小。根据 CTR 媒介提供的趋势数据，2016 年第一季度的中国广告市场规模出现了 3.5% 的同比缩减。其中，传统广告市场（电视、电台、报纸杂志和传统户外）的降速达到 7.3%。而锦辉集团选择传统推广渠道，导致产品失败也在情理之中。

而对于企业而言，在市场竞争异常激烈的情况下，如果仍然采取传统的营销方式，最终只会被市场淘汰。因此，企业进行全面的创新改革是非常有必要的，主要集中体现在以下两点。

（1）企业内部的组织创新

在激烈的竞争环境中，企业需要充分发挥主观能动性，利用分权建立柔性组织结构，以具备主动与快速的反应能力和创新能力，面对众多的细分市场，采用不同的营销策略，灵活地应对市场的竞争。

在企业内部组织中，生产、财务、行政、法务和客服等部门是企业稳定力量的代表；营销、研发、公关和技术等部门是企业创新力量的代表。在传统的计划经济下，企业自身的创新功能比较弱，组织结构设置大多是具有稳定功能的职能机构。随着市场经济的发展，营销、研发、公关和技术等创新型部门替代传统部门在企业组织中占据了核心地位。

（2）企业管理制度的创新

在企业创新改革的过程中，管理制度的创新是核心内容。现代企业制度创新是将企业的生产方式、经营方式、分配方式和经营理念等进行规范化设计，主要体现在思维创新、技术创新、组织创新、活动制度化以及规范化。

企业的制度创新是管理创新的最高层次，是管理创新实现的根本保证。企业通过制度创新，以达到建立一种更优的制度，优化企业中所有者、经营者和劳动者的权利与利益关系，使企业具有更高的活动效率。

因此，对于企业而言，只有在正确有效的创新机制支持下，企业创新制度才能不断完善，才能推动企业的发展。

明确产品的市场定位

市场定位，简而言之就是根据消费者对产品的特征、属性和价值等多方面的需求，强有力地塑造产品的个性或者是形象，并将这种形象生动地传递给顾客，从而使该产品在市场上有主要的消费群体。明确的市场定位能够创造差异性，满足消费者对于细分市场产品的需求，进而形成竞争优势，增强企业的竞争力。

案例陈述　为何生鲜电商的先驱沦为了温水中的青蛙

海南鲜到家科技有限公司（以下简称"鲜到家科技"）成立于2011年，是国内领先的生鲜类电商平台之一。平台在海南省建立了专业化的生鲜原产地供货渠道、全程冷链生鲜仓储和物流配送体系，业务的范围包括进口水果、国产高端水果、生鲜食品、水果礼盒、水果礼篮和水果批发。

鲜到家科技的水果产品均从原产地直接采摘，全程冷链，支持货到付款，限时配送，并在海南省设有实体专卖店，形成网上商城结合线下实体店的O2O运营模式。

2012年，鲜到家科技在生鲜电商行业重点发力，取得了瞩目的成绩，其线上销售额高达500多万元，线下的实体店销售额为300多万元。作为垂直类生鲜电商企业，能够在短期内取得巨大的成就，鲜到家科技无疑是成功的。因此，鲜到家科技决定将企业发展成为综合性生鲜电商平台。

2013年，鲜到家科技先在网上进行了问卷调查，此次共有2 000多名用户参与调查，调查的重点是消费者在生鲜平台选择的品类情况，如图7-2所示。

若在网上购买生鲜产品，你会优先选择哪些品类

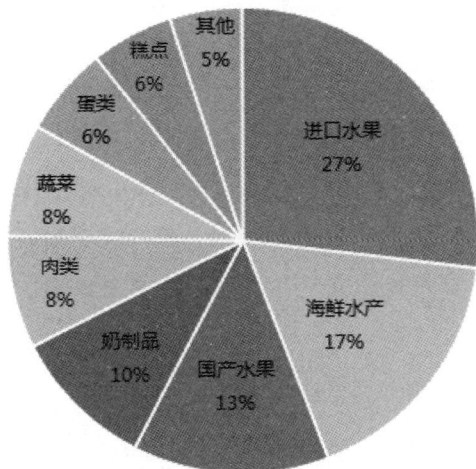

图 7-2　消费者在网上选购生鲜产品品类的情况

　　根据调查结果发现：在各类生鲜品类中，进口水果最受消费者的青睐，其次分别是海鲜水产、国产水果和奶制品，因此，鲜到家科技决定大力发展海鲜水产和奶制品。

　　在 2013 年 1 月，鲜到家科技投入了 500 万元发展海鲜水产业务。首先采购 3 辆海鲜运输车耗资 100 万元；其次，为了缩短海鲜物流链时间，减少物流成本和损耗成本，打通"最后一公里"物流配送体系，在各大社区扩建了海鲜储存柜。

　　在完成前期布局后，鲜到家科技就正式运营海鲜水产业务，由于缺乏海鲜业务的运营经验，最终市场的反响不如预期，在各大品牌电商平台的夹击下，导致业务推广成本非常高，因此，鲜到家科技不得不暂停海鲜业务。

　　随后鲜到家科技转身又投入到奶制品的经营中，鲜到家科技四处寻找成为品牌经销商的机会，但是国内品牌经销商的利润低，鲜到家科技决定销售国外品牌奶制品。当鲜到家科技大量进口国外品牌的奶制品之后，准备继续干一番轰轰

烈烈的大事业时，却忽略了奶制品的竞争情况，又沦为"品牌战"的牺牲品。

在海鲜和奶制品行业都失败了，前期投入了大量的资金，在没有达到预期的回报后，鲜到家科技决定继续从事自己的老本行。但是水果生鲜行业格局已变，大型的电商平台也成立了生鲜部门，行业竞争加剧。因此，竞争环境就像是即将烧开的水，而鲜到家科技就像温水里的青蛙，逐渐失去了核心竞争力。

雷区分析　企业需要有明确的市场定位

鲜到家科技最初是垂直类生鲜电商平台，但是在初期成功后，企业决定转型成为综合类生鲜平台，投入了大量资金进军海鲜和奶制品行业，却纷纷以失败告终。在转型的过程中逐渐模糊了市场定位，最后再返回到自己擅长的水果电商领域的时候，却发现市场格局已变，最终成为温水中的青蛙。因此，对于企业来说，不管在哪个发展阶段，始终要有明确的市场定位。

市场定位的实质是使本企业与其他企业严格区分开来，使消费者明显感觉到这种差别，使企业的产品和形象在目标消费者的心里占据一个独特、有价值的位置。企业在定位市场的时候始终要遵循　定的原则，具体内容如下。

- ◆ 根据具体的产品特点定位。
- ◆ 根据市场经济环境定位。
- ◆ 根据特定的使用场合及用途定位。
- ◆ 根据消费者的利益定位。
- ◆ 根据使用者的类型定位。

企业信誉风险控制

在 1996 年，斯特恩商学院的教授查尔斯·丰布兰 (Charles Fombrun) 较明确地给出了企业信誉的定义："企业信誉是一个企业过去一切行为及结果的合成表现，这些行为及结果描述了企业向各类利益相关者提供有价值的产出的能力。"随着市场经济的发展，企业信誉的地位越来越重要，企业信誉好就能够得到社会的公认好评，为企业的发展提供良好的用户口碑，也是一笔无形的资产。但企业信誉也面临着各种风险，因此，在创业过程中，企业需要加强信誉风险控制能力。

提升危机公关能力

随着互联网技术的发展，在网络上存在着谣言传播者和危机制造者，消息的传播速度非常快，这些都能促使危机事件随时发生，因此，在当今社会经济中，企业都会面临危机公关。

危机公关是指应付和处理危机的机制，尤其是针对突发性、意外性和破坏性事件的处理。危机公关的好坏体现了企业的整体管理水平和应变反应能力，通过危机公关处理后，能够减轻或避免危机所带来的严重损害和威胁。危机公关主要包括：危机规避、控制、解决及危机解决后的修复和整顿。

案例陈述　跨国餐饮企业的噩梦

　　四川西蜀餐饮管理有限公司（以下简称"西蜀餐饮"）是一家经营川味火锅为主，融汇全国各地火锅特色于一体的连锁企业。西蜀餐饮成立于1990年，历经了20多年的发展，公司在北京、上海、成都、广州和杭州等60多个城市拥有100多家分店。从2001年开始，西蜀餐饮将市场拓展到海外。短短3年内，在美国、新加坡、加拿大、韩国和日本都成立了分店。

　　西蜀餐饮在拓展海外市场的时候，因为一时大意，对企业的发展带来了不可磨灭的负面影响。

　　在2006年5月2日，西蜀餐饮韩国分店被媒体报道出"使用大量过期变质的原料肉"，而为西蜀餐饮提供原料肉的是一家小型的公司。据相关媒体实地调查发现，该公司主要存在三大问题：小作坊没有卫生合格证、违规篡改生产日期及将过期原料回炉后再生产。

　　新闻一经发布，立刻掀起了轩然大波。韩国民众纷纷在西蜀餐饮门前游行抗议，纷纷要求西蜀餐饮关门进行整顿，并且退出韩国市场。

　　在危机出现后，西蜀餐饮并没有引起重视。但是随着韩国民众游行示威的声势越来越大，严重影响到店里的正常营业。2006年5月10日，西蜀餐饮驻韩经理才正式召开新闻发布会，说明西蜀餐饮韩国分店的原料肉均通过正规的渠道采购新鲜原料肉，报道纯属故意抹黑。如果相关单位及个人公然捏造事实，均属于侵犯名誉权，公司将追究闹事者的刑事责任。

面对如此强悍的公关处理行为，不但没有平息民众心中的怒火，反而使民众对于西蜀餐饮非常失望，甚至形成"反西蜀餐饮联盟"，拒绝一切消费行为。

随着事件越闹越大，西蜀餐饮的创始人不得不远赴韩国召开新闻发布会，在发布会上鞠躬道歉，并承诺西蜀餐饮对于违法违规经营是零容忍，公司已经成立调查小组，对于采购商进行全面调查，将会尽快公布调查结果。

尽管西蜀餐饮平息了这次危机，但是韩国分店的生意从此就开始走下坡路了，2006 年度的营业额仅为 1.5 亿韩元，同比下降 39.28%。

在 2007 年，韩国政府对于跨国餐饮企业进行了全面的整顿，西蜀餐饮首当其冲，2007 年 9 月，西蜀餐饮关闭了韩国分店，退出了韩国餐饮市场。

雷区分析　强制的公关态度只会适得其反

西蜀餐饮的韩国分店遭到了"负面攻击"，而西蜀餐饮又缺乏正确的公关意识，导致最后退出韩国市场。在负面新闻被报道后，西蜀餐饮没有在第一时间进行公关危机处理，造成民众对其处事态度的失望；接着，强硬的公关态度让民众不能接受，导致事态升级。尽管西蜀餐饮创始人亲自在韩国公开道歉，但是并没有取得韩国民众的原谅。最终，由于韩国的政策发生调整，西蜀餐饮被迫关闭了韩国分店。

由此可见，当企业的负面消息或者是新闻被报道出来，企业必须在第一时间内进行处理，这需要掌握危机处理的相关技能。

（1）危机公关的 3T 原则

危机公关的 3T 原则是由英国危机公关专家里杰斯特（M. Regester. Michael）在 Crisis Management 一书提出的。3T 原则有 3 个关键点，每个点以"T"开头，所以称为 3T 原则，具体内容如下。

◆ Tell You Own Tale（以我为主提供情况），强调企业或者个人牢牢掌握信息发布主动权。

◆ Tell It Fast（尽快提供情况），强调危机处理时企业应该尽快发布信息。

◆ Tell It All（提供全部情况），强调企业发布的信息要全面、真实、客观。

（2）危机公关的流程

企业在运营过程中将会面临各种各样的危机，如果不重视危机公关，细小的负面消息都会给企业带来致命性的打击。虽然危机具有偶然性，但是危机管理对策并不是无章可循。危机管理对策主要包括如下几个方面。

◆ **危机预防工作**：企业进行危机管理应该树立一种危机理念，营造一个危机氛围，使企业的员工充满危机感，将危机的预防作为日常工作的组成部分。

◆ **进行危机处理**：危机管理人员要做好日常的信息收集和分类管理，建立起危机防范预警机制。

◆ **危机后的复兴**：危机的复兴工作主要是处理消除危机后的遗留问题和影响。危机发生后，企业形象受到了影响，公众对企业会非常敏感，要靠一系列危机复兴管理工作来挽回企业形象。

统一内部公关稿

企业的公关稿用于媒体对公关事件的发布，既有对事件的整体描述，重点内容应涵盖事情起因、处理流程和处理结果等；还要表达企业对事件的处理态度和向公众做出的承诺。

而新闻公关稿是企业对外公开信息的载体，如果中间出现了任何纰漏，公众只会对企业的印象更差，进而造成企业的信誉损失，严重影响企业在未来的发展空间。

案例陈述　大型医药企业的污点

上海同辉生物科技有限公司是集生产、供应、销售和医疗"四位"于一体的大型医药企业（以下简称"同辉生物科技"），企业涉猎的业务广，包括各类中药材、中成药、西药、参茸滋补品、营养保健品和医疗器材等。

同辉生物科技先后获得了"全国质量效益型先进企业""全国用户满意企业""全国医药优秀企业"等荣誉称号，2009 年被认定为国家级高新技术企业。

2012 年 7 月，一名心脏病患者在上海投诉同辉生物科技。因为患者在食用了逍遥丸之后出现头晕目眩、口干咽燥和神疲食少的情况。

同辉生物科技在接到投诉后，立即对外称："逍遥丸具有养血调经作用，是滋补类中成药，此类药物一般没有副作用，或者是副作用较小，而目前还没有发现逍遥丸的副作用。"

面对同辉生物科技不负责任的说法，患者十分愤怒，继续对其追诉。由于事态升级，同辉生物科技每天面对大量媒体的"围追堵截"，企业内部又没有统一公关稿，各部门的发言完全不一致。

市场部负责人表示："我们只负责市场营销，对于具体的生产环节尚不清楚。"

产品研发部主管则说："在药品的禁忌说明中已经明确说明了心脏病、高血压、肝病、糖尿病和肾病等慢性病患者应在医师指导下服用，这不属于研发部的责任。"

采购部负责人只淡淡回应："目前不知道这件事，这是企业质检部门负责的事宜。"

危机事件发生后，同辉生物科技除了推卸责任外，没有采取强有力的危机处理措施，导致媒体与公众对企业产生信任危机，以致在往后市场中一度出现"抵制同辉，远离同辉"的抗议口号，给企业造成了严重的经济损失。

雷区分析　统一内部公关稿，维护企业信誉

同辉生物科技在此次公关危机中最失败的行为就是没有统一内部公关稿，在面对媒体的采访时，不同的部门发言不一致，导致公众对企业的信誉产生怀疑，最终出现了大量抵抗行为，造成严重的经济损失。因此，当企业出现危机事件后，在对外公布消息的时候，需要统一口径，这就需要一份统一的公关稿。

撰写危机公关稿的时候，需要注意以下事项。

◆ 完整的公关稿件应包括6个要素，即何人(who)、何事(what)、何时(When)、何地(Where)、何因(Why)、何果(How)。

◆ 公关稿要统一口径，绝不能出现多个不同的发言声音。

◆ 公关稿在内容上充分报道公关活动事实。

- ◆ 公关稿要在内容上与公众遭遇的事实靠近。
- ◆ 公关稿要注意把握时机，选准场合。
- ◆ 公关稿不应是单方面的发表或单向的宣传。

面对危机，敢于承担责任

责任心是企业必须具有的一种素质，也是一个企业生存的根本。因为企业责任是社会文明发展的产物，是社会文明的标志，尤其是在发生危机事件后，企业更应该承担责任，维护企业信誉，树立良好的企业形象。

案例陈述　食品生产商身陷"致癌门"风波

江苏梦想食客食品有限公司成立于 2000 年（以下简称"梦想食客"），企业依靠科学技术和完善的体系，已经形成了多条完整的食品生产线，拥有大型先进食品生产设备 100 多套，成立了产品质量检验机构，所有的检验人员能够独立行使检验职权。

梦想食客原本位于南京市秦淮区，因为支持市政府对于主城区的改造，于 2009 年搬迁到江宁区新亭路。梦想食客在选择新家地址的时候，忽略了一个重要的因素，即生产环境，为后来发生企业危机埋下了隐患。

初搬到新的生产基地时，梦想食客很快就适应了当地的生产环境。但是随着其他化工企业也搬迁至此，化工企业大量排放工业污水，导致新亭路附近的水源被污染，但是梦想食客却丝毫没在意，依旧用污染水源生产食品。

2013 年，"地沟油"事件在全国闹得沸沸扬扬之际，南京市媒体公布了梦想食客生产的方便面的最新检测结果：方便面的调料油包含有铜、铅、砷和汞等工业重金属，其中某款酸菜味的调料油包的含铜量为 1.73ppm，含铅量为 0.222ppm。食品中的重金属超标会干扰人体正常的生理功能，严重时还会导致基因突变而致癌。

在媒体曝光后，梦想食客面临着前所未有的危机。在接受媒体的采访时，梦想食客却淡淡回应："这些重金属元素普遍存在于环境与食物中，属于正常现象。"

市场消费者和媒体得到如此敷衍的回应，根本没有体现出一个食品企业的责任心，消费者的讨伐声一浪高过一浪，梦想食客不得不展开危机事件的调查，最终发现，由于附近化工厂的污水污染了附近的水源，而梦想食客的生产用水正是被污染的水，才会导致方便面的重金属含量严重超标。

在了解了危机事件的原因后，梦想食客召集紧急新闻发布会，将全部责任推卸给附近的化工厂。但是消费者仍然对企业推卸责任的做法不满，联名举报，要求政府部门进行严惩。面对舆论压力，政府部门对梦想食客进行了关门查封的处理，使得其业务全面停顿，使企业遭受了巨大的经济损失。

雷区分析　敢于承担责任，化解企业危机

梦想食客搬迁到新的生产基地，由于生产用水都是被化工厂污染过的，因此，食品中的重金属含量严重超标。在危机事件发生后，企业却称那是正常的，没有采取危机事件的调查，导致消费者将危机事件闹大。而在查到原因后，梦想食客又将全部责任推卸给化工企业，消费者对于这种没责任心的做法不满，在舆论压力下，政府部门对其进行了查封处理，给企业带来了巨大的经济损失。由此可见，企业在处理危机事件的时候，最重要

的是表明承担责任的态度，减小危机事件对企业的负面影响。

（1）企业处理危机的态度

企业处理危机的态度直接决定了危机公关成功与否。一旦危机事件对于市场造成了一定的负面影响，消费者的情绪会异常激动，并会立即向企业讨要说法，因此，企业需要有敢于承担责任的态度和勇气，进而维护企业形象。

在市场经济中，企业与消费者关系密切，相互影响。企业利润是借助于消费者的购买行为来实现的，而企业为消费者提供产品或服务，满足消费者对于物质和精神的需求。因此，企业对消费者负责是企业的根本生存之道。

企业对消费者负责主要表现在：为消费者提供优质的产品和服务；履行对消费者在产品质量和服务质量上的承诺，不进行欺诈消费者的违规运营行为。

（2）危机的筹备阶段

在危机事件发生后，企业需要有组织、有计划和有步骤地处理危机，而危机的筹备阶段也至关重要，其具体的操作步骤如下。

◆ 根据危机影响程度，迅速建立危机处理小组。危机严重时，企业重要负责人要到场。

◆ 危机处理小组深入现场，了解事实，尽快做出初步的调查报告。

◆ 危机处理小组制定危机处理方案，遏制负面消息的扩散。

◆ 企业内部统一口径，一个声音对外发布信息。

◆ 危机严重的时候，还需要聘请专业的公关人员来协助处理。

资金链风险的控制

　　资金链是指维持企业正常生产经营运转所需的最基本的资金链接，其具体流程为"现金—资产—增值现金"。资金链是企业进行经济活动的载体，企业要想保持正常的运作，就必须保持资金链的良性循环。如果企业的资金链断裂，就会严重影响企业的运作，甚至会导致企业破产。因此，资金链风险控制能力也是表现企业对于财务风险和现金流的控制能力。

勿过度依赖外部融资

　　在企业的发展过程中可能会遇到资金短缺的情况，企业会根据自身的生产经营情况和资金需求情况，采取一定的形式筹集资金，进而保证企业的正常运作。但是如果企业过度依赖于外部融资，自身抵抗外部市场风险的能力就会降低，一旦外部融资失败，企业就会面临巨大的风险。

　　因此，不能过度依赖外部融资，企业可持续发展的关键在于"苦练内功"，通过完善内部管理体系，提升资金管理水平和抗风险能力。

案例陈述　创新型互联网公司的横空出世到快速消失

青岛芯嘉科技有限公司是一家创新型的互联网企业（以下简称"芯嘉科技"），成立于 2012 年，核心业务是为社区提供在线购物及配送服务，用户在平台下单，平台从超市取货并为用户送货上门，解决社区"最后一公里"配送问题。

在公司成立之初，芯嘉科技获得了今日资本和红杉资本等多家风投的 800 万元的天使投资。在 2012 年，芯嘉科技再次获得 1 000 万元的 A 轮融资。

在拿到风投之后，芯嘉科技开始了大肆的扩展行动。分别在北京、上海、广州和深圳设立了分公司，大量招聘员工，并且进行了声势浩大的宣传造势活动。

在 2013 年，伴随着资本寒冬的到来，大部分 O2O 企业已经纷纷倒下，但是芯嘉科技却丝毫不在意，以 1 000 万元的标价成为国内某大型综艺节目的赞助商。在争夺到赞助商的名额后，芯嘉科技资金已经所剩无几，想通过赞助商来扩大企业的知名度，但是事与愿违，节目播出后，收视率非常低，电视台"腰斩"了节目。

由于前期在北上广深扩建分公司，公司已经陷入了财务危机。而 1 000 万元的赞助费打了水漂，公司内部的可周转资金几乎为零。

2014 年 3 月，芯嘉科技试图再次向外部风投融资，但是鉴于上一次的投资失败，风投再无意愿向芯嘉科技投资。芯嘉科技面临着破产的危机。

芯嘉科技在 2014 年 6 月先后关闭了北京、上海、广州和深圳四家分公司。看到公司的大势已去，大批员工停止接单，纷纷离职，公司的业务逐渐减少。

2014 年 7 月，芯嘉科技正式宣布破产。至此，这家创新型互联网企业从诞生到破产仅相隔两年。

雷区分析　企业需加强"内部造血"功能

芯嘉科技在成立之初就获得了风险投资，说明企业的商业模式得到了风投的认可，具有广阔的发展空间。而芯嘉科技却急于扩张，在北上广深成立分公司，致使公司的财务出现危机。在资本寒冬到来之际，又拿出 1 000 万元成为节目赞助商，却因为节目收视率低被取消，导致钱打了水漂。资金链断裂的芯嘉科技再次向外部融资，融资失败后只得关闭分公司，宣布破产。所以，对于企业来说，在复杂的市场经济环境下，加强自身的"造血"能力，保持内部资金顺畅流通才是关键。

资金是企业运营的血脉，其不仅是支撑企业运营的关键要素，更是企业的重要战略资源。那么，企业该如何增强自身的造血能力呢？

- ◆ 改变落后的资金管理模式，由"事后管理"转变为"事前预防"，利用信息化手段针对可能出现的问题及风险做好预防管理。
- ◆ 加强资金管理体系建设，增强专业人员的资金管理能力，对管理信息系统进行升级，为企业资金管理水平的提升奠定坚实的基础。
- ◆ 建立起自动化、现代化的资金管理系统，为企业资金管理提供全面的网上服务，使得资金信息更加准确、及时、规范和明了，更有效地提升资金管理的效率。

企业融资期限的选择

企业的创立、生存和发展的背后，是一次次融资、投资和再融资的过程。而融资过程中的一个关键性问题就是企业融资的最佳期限的选择。融资期是指企业拥有融入资金使用权的期限。企业融资按照期限来划分，可分为短期融资、中期融资和长期融资。企业根据自身的实际情况，运用科学的计算工具，选择最佳的融资期限。

案例陈述　前途无量的电子杂志最终却名存实亡

　　　　博友杂志网是博友天下科技有限公司旗下知名的电子杂志。博友杂志成立于 2000 年，是中国最早开发电子杂志的平台之一，企业始终以"技术创新，用户至上"的理念为指导，一直走在行业的最前端。博友杂志上线一年，用户注册数就超过 5 000 万，每天活跃用户高达 300 万人次，是国内下载量最大、读者群覆盖最广的电子杂志。

　　　　随着博友杂志的成功，国内的电子杂志行业就呈现出爆发式增长，数十家创业公司纷纷参与进来，风投也看中了这个潜力无限的行业。

　　　　2005 年，博友杂志共获得 5 000 万元投资，经过高层的反复商讨，最终确定了在线阅读、下载和发布的运营模式，并且选择中期融资模式，逐步增强和完善内部的资金管理机制。

　　　　但是，博友杂志的实际运营却和融资期限背道而驰。公司在获得融资后就开启了疯狂扩张的模式，把上市作为终极目标。博友杂志认为，凭借众多风投的看好，上市自然不是难事。

为了吸引到更多的用户，博友杂志免费向用户提供各类电子杂志，通过广告商投放广告盈利。但是这种免费模式并没有吸引到用户的关注，反而使运营成本不断增加，且广告收入增长十分缓慢。前期筹集的风险投资很快耗尽。

在 2005 年 6 月，博友杂志单月亏损就达到 300 多万元。更为糟糕的是，博友杂志的用户数不断减少。为了挽回损失，博友杂志决定将融资期限更改为长期融资。

博友杂志内部管理层曾提出"收费阅读"的服务，以弥补商业模式的缺陷。但是在推广了一段时间后，其用户数减少得更厉害，因此，收费阅读根本就是天方夜谭。

2006 年，随着网络视频、在线音乐、网络阅读和网络游戏等行业的迅速崛起，电子杂志行业开始走下坡路。用户对于这一款电子杂志毫无兴趣。

2007 年 1 月，博友杂志就停止了更新，注册用户无法访问网站。曾经潜力无限的电子杂志最终名存实亡。

雷区分析 企业需要确定最佳的融资期限

博友杂志开创了电子杂志行业的先锋，成为众多风投的"独宠"，但是由于融资期限选择不明确，初期计划的融资期限为中期融资，借助外部融资逐步培养自身的融资能力，但是在具体的运营中却和计划背道而驰，使得运营成本不断增加，导致前期获得的风险投资被消耗完，且自身的业务盈利能力增长缓慢，使资金出现亏损。伴随着视频、音乐和游戏等行业的发展，电子杂志的发展空间受到了严重威胁，最终企业决定关闭博友杂志。

从上述案例中可以看出，融资期限对于企业发展的重要性。明确的融资期限可以使企业有计划、有目的地进行融资，进而增强企业资金的管理能力。

对于融资企业而言，一定要找准方向，把握技巧，不然就会满盘皆输。如下面所示是一些比较基础的融资技巧。

◆ **融资期限**：可分为短期融资、中期融资和长期融资。企业在执行融资决策的时候，要在融资期限之间进行权衡，制定最佳融资期限结构。因为它直接影响到资金的成本，进而影响到企业的效益。

◆ **收益与风险相匹配**：在融资之前，企业需要预测本次融资能够给企业带来的最终收益，收益越大往往意味着企业风险越高。

◆ **融资规模量力而行**：企业在进行融资决策之初，要根据企业自身的实际条件来确定融资规模。筹资过多，会导致企业负债过多，增加经营风险。如果企业筹资不足，会影响其他业务的正常开展。

◆ **保持企业有控制权**：在现代市场经济条件下，企业融资行为会导致控制权发生变化，企业创始人要时刻保持企业的绝对控制权。

◆ **保持资本结构合理**：资本结构是指企业各种资本来源的构成及比例关系，其中债权资本和权益资本的构成比例在企业资本结构的决策中居于核心地位。企业融资时，资本结构决策应保持资本结构的合理性，即追求企业价值最大化。

◆ **控制融资成本最低**：融资成本涉及很多种因素，按照融资方式的安全性，融资成本的排列顺序依次为财政融资、商业融资、内部融资、银行融资、债券融资和股票融资。

◆ **选择最适合的融资方式**：企业在融资时有很多种融资方式可供选择，每种融资方式给企业带来的影响也是不一样的，因此，企业需要选择最适合自己的融资方式。

技术风险的控制

在知识经济时代，新产品、新工艺和新材料层出不穷，产品的生命周期越来越短，产品的更替速度越来越快，这给企业带来巨大发展机遇的同时，也使企业面临着巨大的挑战。而这一环节中，技术风险控制成为企业不得不面临的一个重大问题。所谓技术风险，就是指在生产过程中由于技术的不确定性而给企业带来的风险，技术风险的控制成为企业创新发展的核心命题。

技术短缺，险象环生

面对激烈的市场竞争，大部分企业选择技术创新，将新技术应用到产品设计、工艺、制造和营销等流程中。而在这个过程中，技术风险就会成为影响企业创新成功与否的关键。由于在新产品的研发过程中，受现有的认知水平、技术水平和科学实验等多方面的限制性因素的影响，导致在技术创新的过程中无法预见、克服及解决技术上的困难，最终因为技术短缺而导致项目失败、创业资金损失，甚至是破产。

案例分析 曾和支付宝叫板的"闪通付"哪去了

2011 年 5 月，广州智慧云科技有限公司正式成立（以下简称"智慧云科技"）。公司定位于第三方移动支付领域，为各大中小企业提供第三方支付服务，并且在 2013 年 8 月正式推出第三方支付工具——闪通付。

闪通付一推出就和国内的第三方支付巨头支付宝杠上了，闪通付励志要全面超越支付宝，打造国内最好的第三方支付平台。如此豪迈的言论也引发了不少的争论，吸引了不少用户对这款产品的关注。

2014 年 9 月，闪通付向央行申请支付牌照，在还没有拿到《支付业务许可证》时就进军支付市场了。

智慧云科技在前期进行了大量的付费推广，尤其是竞价排名推广、移动应用商城推广和社交平台推广。由于前期疯狂"烧钱"，闪通付的新用户注册量达到百万，手机客户端的下载量在同类软件中的排名也很靠前。

2015 年 1 月 12 日，一篇"闪通付在一夜之间被盗刷 5 万多元"的帖子出现在各大论坛、微博和贴吧，帖子内容大致为：在 1 月 12 日王先生发现自己绑定闪通付的银行卡少了 52 942 元，而"被消费"都是从闪通付绑定的银行卡转走的。

王先生报警，但是由于闪通付没有建立实时风控监控体系，不法分子利用平台的技术漏洞进行违法操作，平台经常出现账户被盗、套现和盗卡的情况，且平台没有采取用户实名认证，无法查询对方信息，致使王先生被盗的 5 万多元无法追回。

这篇帖子迅速掀起了讨论热潮，在短短几个小时内，帖子转发量超过 5 万，网友纷纷吐槽闪通付的技术漏洞，不再信任闪通付的安全性，软件的使用率急剧下降。

2016 年 4 月 19 日，央行下发《非银行支付机构分类评级管理办法》，表示将对第三方支付机构进行分类评级，连续评级较差的机构将被注销支付牌照。

面对央行大力整顿第三方支付市场，闪通付难逃厄运，在 2016 年 6 月，被查出没有《支付业务许可证》，同时评级差，智慧云从此在第三方支付市场中消失。

雷区分析　技术短缺也会毁灭一家企业

闪通付励志打造国内最好的第三方支付平台，但是由于技术短缺，没有创建实时风控监控体系，导致平台的风险系数高。在危机事件发生后，无法在短期内解决技术方面的问题，造成用户对闪通付失去信心。与此同时，央行也对第三方支付市场进行了整顿，最终，闪通付被查处，随后也就从第三方支付市场中消失了。因此，对于企业来说，技术是企业立足和发展的核心动力。

企业通过弥补技术方面的短缺，能够快速成长起来，形成自身的独特优势，在激烈的市场中站稳脚跟，那么企业如何才能弥补技术短缺呢？

◆ **加强自主创新能力**：企业加强创新能力，在多领域大力拓展。新的创新项目则应申请知识产权，并建立企业自主的知识产权体系。

◆ **完善人才战略储备**：市场竞争的动力之一就是人才储备的竞争。企业不断完善人才储备机制，加强人才队伍建设，打造一流的技术团队。

◆ **加大技术创新建设**：企业加大对高科技创新项目的投入力度，包括资金投入、人才投入和战略布局的改进。

核心技术是企业发展的支撑

一个企业掌握的核心技术决定了企业在未来的发展。核心技术的表现形式不同，包括商标专利、知识产权、研发技术、生产工艺和制造标准。企业只有拥有自身的核心技术，才能形成竞争优势，长期屹立不倒。

案例陈述　美妆网站的前辈反被后生收购

西子网成立于 1999 年，是国内美妆网站的前驱。西子网的寓意来自"欲把西湖比西子，淡妆浓抹总相宜"，网站市场定位明确，吸引了大批的女性忠实消费者。西子网还签约当红影视明星做代言，迅速吸引了大量的粉丝关注，从同类网站中脱颖而出。

树大招风，西子网被同行陷害。有"消费者"投诉西子网的产品是假冒伪劣产品，对此，西子网公关部立即进行危机公关处理，向外公布了网站的进货渠道、供应商资质、物流体系及售后服务机制。尽管公关部门化解了危机，但是却埋下了更深的隐患。

梦希网作为西子网的竞争对手，看到这些信息后有了另一番想法，其决定复制西子网的运营模式。

由于商业模式被复制，西子网很快就陷入困局中。由于西子网想要突破困境，于是选择了售后服务作为切入点：30 天无条件退货，退货运费由西子网全额承担，收货之日起 90 天内商品质量出现问题，由西子网全额赔付。

由于这两项承诺需要巨额的资金作为支撑，同行不敢贸然模仿，但是西子网再次被同行陷害。

　　许多"消费者"在收到产品后又申请退货，西子网全额退款且承担退货运费。此外，"消费者"称产品质量有问题，要求赔付，为平息交易纠纷，西子网不得不掏钱解决问题。

　　由于这两项服务为西子网带来了巨大的财务压力，很快，西子网就陷入财务危机，许多业务暂停。而梦希网则乘虚而入，成功收购了西子网。

雷区分析　核心技术是企业的生存之本

　　西子网作为美妆网站的前辈，凭借其独到的网站推广方式，迅速成为行业的标杆。但是在危机公关中，其公布了网站的核心技术，即进货渠道、供应商资质、物流体系及售后服务机制，导致商业模式被同行复制。在突破困境的时候，又制定了无条件退款和商品赔付服务，再次被同行陷害，因此，网站陷入了财务危机之中，最终被同行收购。

　　核心技术是企业的生存之本，如果核心技术被同行复制，企业就会失去竞争优势，很容易被同行超越。那么，企业该如何掌握并保护核心技术呢？

◆ **自主研发**：企业通过自主研发和创新，全面提升企业的设计开发能力和品牌构建能力，形成自身的竞争空间。自主研发需要严格保护自己的知识产权。

◆ **外购技术**：企业通过外购某项核心技术，并获得该项核心技术的所有权。但是在外购技术的时候，务必注意签订合同的条款，小心合同的"陷阱"和"霸王条款"，同时明确购进技术的所有权。

◆ **联合开发**：企业在研发一项新技术的时候，可能会面临着资金、团队和项目经验等多方面的问题，因此，企业可能选择联合其他企业开发，形成优势互补、合作共赢的局面。但这其中需要有专门的合同说明该技术的所有权情况。

LESSON 08

FROM THE FAILURE

创业成熟期，小心扩张的后患

　　企业扩张是指企业在成长过程中规模由小到大、竞争能力由弱到强、经营管理制度和企业组织结构由低级到高级的动态发展过程。在扩张的过程中会存在各种隐患，因此，企业要特别注意分析、预测和控制扩张过程中的风险。

重视企业文化整合问题

　　企业之间的并购和重组是企业发展壮大的重要手段，一般而言，企业在并购之后都会进行整合，其中企业文化的整合是不容忽视的。任何一家企业的文化形成过程都不是一句口号那么简单，而是以创始人的性格或所提倡的品质为基准，通过企业管理层不断实践、提炼和优化，最终形成企业的灵魂。企业文化一旦形成，就很难改变。而企业文化的差异性就会引起文化冲突。因此，企业并购之后进行文化整合和管理是解决文化冲突、减少并购风险的关键性措施。

正确处理企业文化冲突

　　企业文化冲突是指不同形态文化或者文化要素之间相互对立、相互排斥的过程。企业文化冲突包含了物质文化冲突、行为文化冲突、制度文化冲突和精神文化冲突。当企业文化发生冲突的时候，管理者需要引起重视，同时运用有效的方法，以自身企业文化为基准点，寻找冲突双方的企业文化契合点。

案例陈述　大型制造企业为何管理不好收购的企业

凯特威精密仪器制造企业是一家大型的国有企业（以下简称"凯特威"），企业的主要业务就是研发、生产和销售以贵金属为原材料的零部件。

企业文化非常简单：企业是国家的，员工是终身制。尽管工资不高，但是工作强度低，很少加班，福利待遇好，这些综合起来就形成了非常固有的国企特征，员工能够轻松获得稳定的收入，企业则保持手工作坊的生产状态。

随着企业的发展，凯特威在 2003 年并购了一家中型的制造企业——中天设备有限公司（以下简称"中天"）。因为这家中型企业是私营性质的，企业文化和凯特威截然不同，中天更加注重工作效率，培养了一支实力雄厚的研发团队，且企业讲究"按劳分配、多劳多得"，所以，员工会经常出现加班的情况，甚至是通宵加班。

在完成并购之后，凯特威依旧按照原来的企业文化来管理。在产品的研发方面，为了鼓励创新，凯特威沿用了中天的技术团队，由于中天重视工作质量和效率，经常为了工作细节而与凯特威的研发人员发生争执。在中天看来，凯特威的员工不懂创新，不重视工艺环节；而在凯特威看来，中天的员工就是吹毛求疵，鸡蛋里挑骨头。因此，双方尽管工作在同一屋檐下，实则水火不容。

2004 年，企业接到一个项目，需要大家的配合，但是双方在合作的时候又出现了分歧。凯特威的老员工认为自身的经验丰富，觉得项目的启动应按照以往的流程来执行；而中天的团队则坚持需要进行市场风险分析，因为项目对技术的要求严格，容易出现技术短缺的情况。于是，双方展开了无休止的争执，丝毫不退步，在争执无果的情况下，双方的团队都决定自行动工。

凯特威团队规规矩矩按照传统流程开始执行，一到下班时间就停止工作；而中天团队则进行市场调研和技术分析，经常为了赶进度而加班，因为他们认为超额完成任务薪资肯定会很高。

但是，中天团队铆足干劲地工作，却发现，团队工作高效率却没有获得高薪酬，这严重打击了中天团队的工作热情。面对某些死板教条的制度，其成员纷纷选择离开，最终仅有8名员工留在凯特威。

雷区分析　解决企业管理制度的冲突，留住优秀人才

由于凯特威是大型的国有企业，在企业中会制定大量的制度和流程，工作的开展比较烦琐；而中天更加重视工作效率和质量，经常加班。因此，这两种截然不同的企业文化必然会产生冲突，但是凯特威却没有引起重视，中天的技术团队的工作热情被浇灭，最终选择离职。由此可见，企业管理者在面对企业文化冲突的时候，应该积极采取相应的措施来解决。

企业文化冲突的表现是多方面的，集中体现在战略文化冲突、管理文化冲突和价值观文化冲突三方面，具体如下所示。

◆ **战略文化冲突**：不同企业的经营理念不同，有的企业制定长远的战略目标，注重未来市场；而有的企业则更注重目前市场的拓展，战略文化更加侧重于一步一个脚印地稳妥运营。

◆ **管理文化冲突**：不同的管理机制会造成企业决策机制的迥异。有的企业崇尚人性化的管理制度，有的企业追求"狼性"管理文化，有的企业则更倾向于透明化的公平竞争管理机制。

◆ **价值观文化冲突**：企业的共同价值观是企业文化的核心。差异性的价值观文化必然会产生摩擦和碰撞，而每个个体都会竭力维护自身的价值观，因此，企业的价值观文化不能形成统一的行为准则。作为管理者要采取措施让不同的价值观文化得到很好的融合。

企业文化适应社会发展

企业文化是指在一定的条件下，企业在进行生产和管理活动中所形成的具有企业特色的精神财富和物质形态。企业文化包括企业制度、企业理念、企业社会责任、企业精神、道德规范、行为准则、企业历史和企业价值观等，而企业价值观处于企业文化的核心地位。

企业文化是企业的灵魂，是推动企业发展的不竭内动力。而在现阶段的市场经济环境中，企业文化需要适应社会的发展，落后的传统企业文化只会严重阻碍企业前进。

案例陈述 "砸锅卖铁大生产"企业文化葬送企业

2001 年，西安秦瑞思网络教育科技有限公司正式成立，是专门的成人英语培训机构（以下简称"秦瑞思"），业务包括成人英语学习规划、听说读写、商务英语、求职面试和专业口语等。秦瑞思致力于帮助用户解决工作、生活和学习中的英语难题。

随着各大英语培训机构的成立，市场的竞争非常激烈，秦瑞思为了抢占市场资源，采取了极端激进主义的"砸锅卖铁"的市场策略。所谓"砸锅卖铁"，是指秦瑞思不惜一切代价在市场中成立分校，企图通过扩张公司的规模来占领更多的市场份额。

由于秦瑞思的总部位于西安市莲湖区，所以，在接下来的市场扩张行动中，就形成了以总部为中心，向四周大力辐射的局面。

第一步就是抢占西边的市场。2002年9月，秦瑞思在新城区建立了3家分校，分别抢占了3处市场资源。

紧接着再进攻北门市场。2003年1月，秦瑞思在未央区创建了2家分校。

接下来是西南方的市场。2005年4月，秦瑞思在另外两个区设立了6家分校，集中火力进攻南二环至南三环的市场。

由于西方的战线过长，因此，秦瑞思决定在西边布下重兵，2005年7月，秦瑞思在灞桥区成立了2家分校。

在浩浩荡荡的"砸锅卖铁"式的扩张之后，秦瑞思在西安市区已经拥有了13家分校，由于分校每月的固定成本高达40万元，秦瑞思的财务已经非常吃紧，考虑到师资成本高，因此聘请的英语教师并非专职教师，只是具有一定英语基础的兼职人员。

因为秦瑞思成立了专门的销售团队，在短期内招收了大量学员，暂时弥补了财务危机。但是学员在经过一段时间的学习后，纷纷反映秦瑞思的教学质量差，授课教师的素质普遍不高，因此，学员的退学率增高。

由于学员的口口相传，在培训市场中，秦瑞思的口碑越来越差，尽管有专业的销售团队，但是也无法挽回用户对秦瑞思的好印象。

很快，秦瑞思再次陷入财务危机，面对分校的高额成本，加上报名的学员锐减，公司处于严重的赤字危机中。

2005 年 11 月，秦瑞思已经负债高达 600 多万元，连员工的工资都无法发放。

2005 年 12 月，秦瑞思先后关闭了新城区、未央区、碑林区、雁塔区、灞桥区的 13 家分校，只保留了总部校区。

2006 年 1 月，秦瑞思又悄悄关闭了总部校区，这也意味着"砸锅卖铁"式的企业文化葬送了一家企业。

雷区分析　企业文化要符合当前的社会趋势

秦瑞思为了抢占市场份额开展了砸锅卖铁式的"大生产运动"。其以总部为中心，在短时间内开设了 13 家分校，由于分校的总成本非常高，秦瑞思不得不降低师资质量，导致学员对教学质量不满意，进而造成高退学率，差口碑。最终，秦瑞思在负债累累的情况下关闭了各区分校和总校。

随着市场进一步开放，企业面临着更加激烈的国内外市场竞争。企业要取得经营的成功，就必须依靠先进的企业文化，提高核心竞争力。而先进的企业文化需要符合社会趋势才能得到发展，那么企业如何让自身的文化符合社会趋势呢？

◆ **在理念文化方面**：主动性创新理念取代被动性借鉴理念：主动性创新理念即企业价值观中的创新意识。

◆ **在管理文化方面**：知识管理转化传统的管理。企业运用群体的智慧进行创新，以赢得竞争优势。

◆ **在经营文化方面**："竞争合作型模式"逐渐取代恶性竞争。

◆ **在服务文化方面**：以消费者为中心提升服务品质。

◆ **在形象文化方面**：强化企业形象对外宣传功能日趋强化。

推崇人性化企业文化

古语云："得人心者得天下。"在企业管理工作中，人性化的企业文化有助于赢得员工对企业的认同感和忠诚度。所谓人性化管理，是指在企业管理过程中充分注重人情要素，以充分挖掘人的潜能为己任的管理理念。而人性化管理主要体现在对员工的尊重、物质激励、精神激励、完善的晋升机制和个人与企业的双赢战略等方面。推崇人性化管理的企业，能够赢得员工的心，确保企业在激烈的竞争中无往不胜。

案例陈述　看"野蛮文化"是如何摧毁一家企业的

河北银邮文化传播公司成立于2000年（以下简称"银邮文化"）。作为中国最早介入线下整合营销服务的企业，银邮文化积累了丰富的市场运作经验。公司长期和数十家世界五百强企业保持密切的合作关系，提供全面的市场营销服务与营销问题解决方案。

随着中国文化创意产业的迅速崛起，银邮文化不断加大在营销团队方面的投入，设计研发团队配合市场营销战略。但是在这个过程中却实施了"野蛮式"的管理方案，为企业的毁灭埋下了一颗"定时炸弹"。

2003年，银邮文化在上海成立分公司，专门成立了营销部，组建专业的营销团队，其中不乏资深背景的专业人士。

由于分公司对营销部门的重视程度高，在资源的分配方面会倾向营销部，这种不理性的管理行为引起了其他部门员工的不悦，但是碍于情面，敢怒不敢言。

2004年5月，上海分公司和一家电信企业谈项目，该项目原本是由营销部和客服部合作完成，但是分公司却指定该项目由营销部来执行，客服部全力配合营销部的工作。

原本合作共赢的平衡关系被打破，营销部是主角，客服部反而成了营销部的"茶水小妹"，随时听候差遣，因此，客服部的员工心里对公司的安排愤愤不平。

项目在执行过程中，合作的电信企业在谈及售后客服的环节时，要求银邮文化上海分公司提供专门的客服团队。但是功利心强的营销部怕功劳被客服部抢走，因此，在涉及客服团队的问题上都会绕开话题。

2004 年 6 月中旬，项目已经完工。为了检测项目的效果，开展了试运营。因为是新项目，所以用户在使用过程中难免遇到各种问题，但是却没有售后在线客服，因此，许多用户对于新项目的意见颇大。

而由于电信企业在试运营阶段没有得到预期的效果，且收到大量用户的投诉，于是对项目缺失客服服务进行投诉。电信企业认为银邮文化的团队不专业，在投入了大量项目资金的前提下，只收到了用户的投诉，故取消合作。

在项目取消合作之后，银邮文化上海分公司没有调查原因，就单方面认为是客服部的服务不到位而导致合作取消，客服部需要承担全部责任。公司内部召开了"批斗大会"，项目经理怒火冲天，直接对着客服部开火，言辞激烈，甚至大爆粗口。

而营销部却"贼喊捉贼"，对于客服部又添油加醋地描述"种种恶行"，以此来推卸自己的责任。

客服部在蒙受了羞辱之后，主管和员工集体离职。而客服部的集体离职像是"蝴蝶效应"，其他部门的员工早就对公司这种不公平的待遇埋怨在心，长期积压在心里的怨恨集体爆发了，其他部门的员工也纷纷离职。

2004 年 9 月，银邮文化上海分公司已经只剩下营销部，由于项目无法开展，银邮文化只得关闭了上海分公司，并且进行内部的组织架构重整。

雷区分析 野蛮文化"是摧毁企业的助推器

随着银邮文化的发展，在上海成立了分公司，但是最后却被自己的"野蛮文化"所葬送。首先，公司对员工不能一视同仁，资源倾向营销部，导致其他部门心怀怨念；其次，当项目被取消后，管理层没有调查原因就单方面认为是客服部的责任，导致客服部集体离职，而"离职效应"带动了其他部门员工的离职，最终使得业务无法开展而关门。因此，企业推行人性化管理势在必行。

人性化管理的本质是一种针对人的思想的管理，即"稳定和变化的人性化管理"的新战略。其具体的方法如下。

◆ **民主管理**：就是让员工参与决策，集中员工的意见和智慧来管理企业。

◆ **自我管理**：员工根据企业的发展战略和目标，自主制订计划、实施控制和实现目标，即"自己管理自己"。

◆ **文化管理**：是人性化管理的最高层次。它通过企业文化培育和管理文化模式的推进，使员工形成和企业一致的共同规范和价值观。

◆ **情感管理**：注重员工的内心世界，根据情感的可塑性、倾向性和稳定性等特征去管理企业，其核心是激发员工的工作积极性，消除员工的消极情感，让员工感受到公司的关心。

品牌扩张也会埋下"地雷"

21世纪，品牌已成为企业最有潜力的资产，品牌扩张已成为企业发展和壮大的有效途径。而品牌扩张是一个具有广泛含义的概念，包括品牌的延伸、品牌资本的运作、品牌的市场扩张、品牌的转让和品牌的授权等。企业利用品牌扩张增加市场占有份额，获得显著的经济效益。然而，也有部分企业在品牌扩张方面盲目运作，缺少策略，出现了严重损害品牌形象和阻碍企业发展的不良影响。因此，企业在进行品牌扩张时也需要一定的技术手段。

规范加盟商行为准则

加盟是一种经济、便捷且快速的创业方法，能够降低创业风险。加盟是指品牌连锁总公司与品牌加盟店之间的持续契约关系。根据相关的规定，品牌总公司提供一项独特的品牌商业特权，并且为加盟商提供员工培训、组织结构、经营管理及商品供销等多方面的指导；而加盟商也需要向品牌总公司付出一定的报酬。

但是对于品牌连锁总公司而言，要想构筑一个稳定、有效且便于管理的加盟体系，就要减少运营过程中的各种冲突和矛盾，因此，制定加盟商的行为规范准则是首要任务。

案例陈述　品牌商加盟的致命伤"一荣俱荣，一毁俱毁"

爱衣邦是上海闵行科技有限公司旗下的品牌，其成立于2001年，立足于干洗设备的更新换代、洗涤设备研制和干洗连锁加盟拓展等业务，是最早进入干洗行业的加盟洗衣品牌之一。

随着市场竞争的加剧，个体企业在行业中的盈利空间逐渐缩小，为了增强企业整体的竞争实力，爱衣邦的发展战略逐步发生了变化，由原来的"单打独斗"转变为"众人划桨"，即执行加盟制度。

在爱衣邦看来，加盟制度对于企业有两方面的贡献，一是拓展企业销售渠道，通过加盟商、代理商、经销商和零售店等渠道可以完成产品的销售目标；二是将自身的品牌进行授权，收取加盟商的加盟费也是企业创收的重要途径。因此，2004年1月，爱衣邦在上海地区广招加盟商。

2004年6月，爱衣邦在上海市已拥有50多家加盟店。由于总店和加盟店在同一区域，总部和加盟店之间的沟通频繁，总店能够给予分店各方面的指导，及时解决运营中的问题。到2004年底，50多家加盟店为爱衣邦带来了100多万元的利润。

2005年1月，爱衣邦正式开始在全国范围内招加盟商。截至2005年第一个季度，爱衣邦的加盟商已经达到200多家，加盟商遍布北京、青海、甘肃、四川和湖南等地。面对大量的加盟商加入，爱衣邦没有衡量自身的管理能力，在选择加盟商、管理加盟商和加盟费用制度等方面都是非常模糊的，没有形成完善的管理体系。

2005 年 6 月，爱衣邦的加盟商已经达到 500 多家，然而爱衣邦只沉浸在自己的发财梦中，却不知"爱衣邦"这个品牌已经开始走下坡路了。

2005 年 7 月，湖南一加盟商向总部反映，干洗机在一个月后就不能工作了。总部的工程师在调查后发现：该加盟商原来是一名电工，因为他认为干洗机的电路设计不合理，需要进行改进。于是，在擅自改进之后导致电路板损坏，致使机器无法正常工作。

2005 年 9 月，甘肃一家加盟商竟然跑路。爱衣邦总部得知消息后惊讶不已，在加盟商管理平台中一查，原来这位加盟商连续半年都处于亏损状态，店里负债 50 多万元。爱衣邦怕加盟商泄露商机而报了警，但是公安系统中却无法查询到此人，显然，加盟商伪造了个人身份信息。

在一连串的麻烦事件之后，爱衣邦决定对全国的加盟商进行"大清洗"，清退不合格的加盟商，并且制定加盟制度，不符合加盟条件的新加盟商一律不通过。

但是爱衣邦此举完全就是亡羊补牢，因为全国各地的加盟商与总部的距离很远，而总部只能依次对 500 多家加盟商进行整顿，此期间，加盟商不断出现各种问题。

2005 年 10 月，青海加盟商被媒体爆出"爱衣邦的员工殴打顾客，致使顾客头部重伤住院"的负面新闻。因为顾客质疑爱衣邦的收费标准而发生口角，最终大动干戈，顾客被加盟商打伤。爱衣邦总部为了平息这一事件，亲自出面安抚家属，并支付了所有的医疗费用。

此事件被曝光，对爱衣邦简直是毁灭性的打击。消费者的抵触、加盟商的退出、同行的打压及债务危机处理等一系列问题蜂拥而至。爱衣邦的品牌在危机事件中已经摇摇欲坠，2005 年年底，爱衣邦负债已经高达 600 多万元，为了缓解财务危机，爱衣邦在 2005 年 12 月宣布暂停加盟业务，并且在内部开展了整顿工作。

雷区分析　企业需要设置品牌加盟商的门槛

爱衣邦为了增加企业的销售渠道，而将自己的品牌进行授权加盟。初期只是在上海地区推广，因为总部和加盟商之间的交流较多，运营中出现的问题能够及时解决，因此，加盟制度取得了初步成功。但是爱衣邦在没有形成完整的加盟商管理制度的前提下，就匆匆面向全国招商，最终导致各地的加盟商问题层出不穷，爱衣邦在众多的危机事件中被迫停止加盟业务。

所以，企业制定一套科学合理的加盟商管理制度是非常有必要的，而其中，加盟商的选择标准是第一步，其具体内容如下所示。

- ◆ **严格审核，宁缺毋滥**. 企业需要对加盟商进行严格的审核，包括加盟商背景、资质和创业经验等方面，这能够确保加盟商是企业需要的商业伙伴，降低在运营中对于品牌和企业造成负面影响的风险。

- ◆ **理念第一，行动随行**：企业要找品牌运作、市场理念与自己一致的加盟商，这是真正合作的基础，这样才能在市场操作中协调一致、共同发展。

品牌专利独占性

企业采取加盟方式来扩张，既能够通过加盟商来拓展销售渠道，完成产品多渠道销售，又能够迅速打响品牌的知名度，抢占市场先机。由此可见，加盟是企业扩张的最佳手段之一。

但是值得注意的是：企业必须向加盟商提供一项独特的商业特权，包括产品、服务、营业技术、专利和商标等。这一特权的授权过程中，如果企业缺乏品牌专利的保护意识，就很容易陷入品牌专利纠纷之中。

案例分析 企业管理失控，商标纠纷层出不穷

宁波常青藤园艺有限公司成立于1996年（以下简称"常青藤园艺"），是一家集植物租赁、花卉租赁、绿植租摆、园林绿化工程、园林绿化设计、绿化养护及销售为一体的综合性园艺公司。

1998年，常青藤园艺提出了"绿植墙"的概念。所谓"绿植墙"，就是利用绿植代替砖、石、钢筋和水泥来砌墙，绿植墙的占地面积小，省材料，能够突出生态环保的概念。

1999年，常青藤园艺改变了传统的业务模式，逐步形成了以绿植墙为核心业务的发展模式。为推广"绿植墙"品牌，在2000年1月，常青藤园艺向全国范围内招加盟商。在2000年11月，常青藤园艺已经拥有了300多家加盟商。

但是常青藤园艺没有规范品牌商标，因此，在加盟商中冒出了大量的"新名词"，例如："绿色植物墙""植物墙""环保墙"和"生态墙"等。而常青藤园艺却简单地认为那是加盟商推广绿植墙的一种方式，并没有在意。

由于常青藤园艺的"宽容"，胆大的加盟商索性退出，自行成立公司，并且注册新商标，成为常青藤的竞争对手，直接和常青藤园艺对着干。

鉴于此，为了保护自己的创业成果，常青藤园艺决定整顿加盟商。但是为时已晚，其他的加盟商也纷纷脱离管制，开始成立新的公司。

一时间，市场上冒出了大量的绿植墙公司，品牌商标纠纷层出不穷。常青藤在官司中投入了上百万元，但案子却毫无进展，最终，常青藤园艺不得不忍痛放弃品牌商标的追诉。

雷区分析　企业需要保护商标

常青藤园艺在招商过程中没有规范品牌的商标，导致加盟商故意借"绿植墙"的品牌效应，制造出许多"同类词"。当加盟商在脱离常青藤的管理后，成立公司，申请新的商标专利，成为常青藤园艺的竞争对手。而常青藤园艺花费大量的金钱打官司无果，最终不得不放弃追诉。因此，企业在招加盟商的时候一定要注重品牌商标和专利的保护。

当企业的商标出现纠纷后，企业可以采取以下的方法来解决。

◆ **行政解决**：企业选择工商行政管理部门处理商标侵权案件。因为这些受理案件的人员熟悉业务，处理程序专业，结案较快，因而省时省力。

◆ **诉讼解决**：企业可以在侵权行为地或侵权人所在地人民法院起诉，通过人民法院追诉企业受侵害的商业利益，同时进行索赔。但是由于商标侵权案件较为复杂，且流程较多，案件的处理时间会较长。

口碑传播效应

口碑效应是用户在使用产品或服务的过程中对产品好坏形成对外口头宣传效应。由于口碑效应会影响其他用户的态度和行为，因此，口碑效应被誉为最廉价的信息传播工具和高可信度的宣传手段。因此，企业需要重视产品或者是品牌的口碑，尤其是负面传播。

案例陈述　天猫旗舰店因忽视买家评论失去大宗订单

苏州瑾瑜玉器有限公司成立于 2000 年（以下简称"瑾瑜玉器"），是一家集开采、生产、设计、开发、销售及品牌连锁经营为一体的大型珠宝企业。经过数十年的发展，公司的实体店面有 300 多家，从业人员 5 000 多人，设计、生产的市场畅销品种超过 3 000 款。

2011 年 3 月，瑾瑜玉器在天猫成立旗舰店——紫玉轩。由于紫玉轩有专业电商团队运营，很快从众多的网店中脱颖而出。在 2011 年"双十一"购物狂欢节中，其单日成交额突破 100 万元，名列玉器企业前五名，成为行业瞩目的一匹"黑马"。紫玉轩作为瑾瑜玉器的电商门面，企业内部对于网店的运营重视度很高，而唯独忽略了处理买家的评价。

李景辉是一家大型外企的部门主管，为拓展国外业务，欲定做一批高端玉器赠送给国外的客户。经过朋友介绍，选择了瑾瑜玉器。李景辉在和设计师初步交流后，决定定制一批玉佛，但是关于佛像却没有具体的概念，因此，设计师建议他在紫玉轩上查看已经设计的成品。

李景辉听取了设计师的建议，在紫玉轩网店中查看玉佛，但是却发现了一个问题，就是关于网店回复买家的评价，全部是机械式的回复"感谢您对紫玉轩的支持，祝您生活幸福如意"，其中有买家针对商品、物流和售后提出的建议，但是紫玉轩却充耳不闻。

李景辉随即致电瑾瑜玉器的设计师取消了这笔订单。李景辉作为市场主管，在他看来，一个企业忽视用户的感受，忽视口碑传播效应，必定走不远。

雷区分析　企业需要重视口碑传播效应

瑾瑜玉器为拓展营销渠道而在天猫中成立紫玉轩，并且有专门的电商部门负责紫玉轩的运营，但是过程中却忽视了买家评价，导致客户在看到机械式的回复后，认为瑾瑜玉器不重视口碑传播效应，故取消了订单。因此，不管企业处于哪个发展阶段，都需要重视口碑效应，尤其是负面效应。

口碑传播的结果主要体现在购前和购后两个阶段。处于购前决策阶段的消费者会受口碑信息的影响，从而影响一定的购买行为，同样，处于购后评价阶段的消费者也会受口碑信息的影响，做出正面或负面的评价。

◆ **购买决策**：在正面口碑传播效应的作用下，最终促使其产生消费行为；而在口碑传播负面效应的作用下，消费者会放弃对被抱怨产品或服务的选择。

◆ **同向评价**：当消费者发现产品或服务的现买质量与其预期不一致时，极易受口碑传播的影响做出与口碑传播者同向的评价或相似的行为。

◆ **深层次传播**：当消费者感知的产品或服务质量超出预期，消费者的满足感较强。而其他的消费者若接收了与该消费经历相符合的口碑信息，满意感就会强化，从而产生深层次口碑传播的效应。

LESSON 09
FROM THE FAILURE

科学管理，实现质的飞跃

企业管理是对企业的生产经营活动进行计划、组织、指挥、协调和控制等一系列职能的总称。企业管理增强企业运作效率，让企业有明确的发展方向，有助于形成企业的品牌效应，树立良好的企业形象。如若不能进行科学有效的管理，对企业的发展势必造成影响。

内部管理决定企业的命运

企业内部控制是整个企业内部各层次、各环节科学高效的管理控制有机体系，是由一系列控制政策和程序所组成的系统。其根本目的在于确保企业的正常化经营和生产，实现良好的资源利用，及时纠正运营中出现的错误，降低企业运营的风险。而对于企业来说，采取高效、科学的内部管理，不但有利于企业健康有序地发展，更能让企业内部体系得到优化。因此，企业实行内部管理是非常有必要的。

加强风险控制体系建设

企业内部管理与企业风险控制之间的联系十分紧密，从某种意义上来说，内部管理的实质就是风险控制。通常情况下，企业风险包含内部风险和外部风险。相对于不可调控的外部风险而言，企业的内部风险源自于企业自身，可以通过一定的手段来降低和控制。内部风险主要包括战略风险、财务风险和经营风险等。因此，企业需要加强风险控制体系建设。

案例陈述　知名电器元件公司冒险前进导致无路可退

昌发公司是广东省知名的电器元件供应商，成立于1994年，在成立当年就盈利1 000万元，员工超过2 000人，其中吸纳社会下岗工人有500多人，因此荣获广东省"百强民营企业"的殊荣。但是在3年过后，曾经如日中天的昌发公司却不见踪迹。

1994年1月，刘昌发看中了电器元件行业的商机，向银行贷款5万元，在广东省创建了一家小型的电器元件加工厂。由于刘昌发抓住商机、敢于冒险，很快就取得了成功。

之后，市场竞争逐渐加剧，电器元件厂商如雨后春笋般出现。为了提升生产效率，刘昌发决定进口国外的生产设备。1995年8月，昌发公司耗资300万元进口了一批电感器设备，但是员工不适应新设备的操作，导致设备长期闲置。

1995年12月，昌发公司为了提升员工素质，特意从国外聘请专业的培训团队。在付出了大量的资金以后，生产效率终于有所提升，但是并不明显。于是，极具冒险精神的刘昌发选择再次冒险前进。

1996年3月，昌发公司决定打破电器元件产业发展的局限，改走"多元化产业"综合发展路线，全面进军电脑行业。此次由刘昌发亲自上阵，在广州成立了3家分公司，分别负责电脑软件研发、硬件采购和产品销售。

对于昌发公司来说，电脑行业完全是一个陌生的行业，昌发集团不了解市场行情，也不清楚市场的需求，更没有专业的技术团队，甚至连企业的战略都没有具体规划。

结果可想而知，昌发公司一进入电脑行业，就被打得溃不成军。首先，面对来自电脑同行的价格打压，使自己的产品毫无竞争空间；其次，国外品牌和技术更胜一筹，再次限制了昌发公司的发展。

尽管在 1996 年，昌发公司的销售成绩表面仍十分可观，但实际上却早已是苟延残喘，原来从 1995 年开始，昌发公司已经出现财政赤字，连续 3 个季度处于入不敷出的局面。

1996 年 10 月，昌发集团财务告急。刘昌发孤注一掷，将电器元件生产设备变卖，企图用来挽救财政危机，但是这种拆了东墙补西墙的做法使得昌发公司再无退路。300 万元设备变卖费对于巨大的财务危机而言，无异于杯水车薪。

1996 年 12 月，背负了 1 000 多万元债务的昌发公司宣布倒闭。

雷区分析　企业在扩张的同时要加强风险控制

昌发公司的一生都在冒险，归根结底在于企业创始人的冒险精神。刘昌发看中电器元件行业的商机，向银行贷款，成功创立昌发公司。在发展过程中，其耗资 300 万元进口设备，但是长期被闲置。后又进军陌生的电脑行业，导致失败。万般无奈之下，公司将电器元件设备变卖，彻底断了自己的后路，致使公司破产。因此，企业在发展过程中应该加强对风险的管控能力。

企业需要建立风险导向型的内部控制体系，将风控管理落实到企业的各个环节。而完善企业风险管理体系需要关注以下几点。

◆ **第一，建立风险预警机制**。企业应通过目标分析和过程分析等方法来识别影响企业目标实现的风险因素，明确风险预警标准。

◆ **第二，建立风险评估体系**。企业应对已识别的风险进行评估，分析潜在风险的属性、发生的概率和影响，尤其是对重大风险的评估。

◆ **第三，建立风险反应机制**。由于市场经济的复杂性和多变性，企业需要制定多套风险处理机制。其中风险应对措施包括回避、降低、承担和分担风险。

财务管理失控加速企业倒闭

财务管理是企业管理的最主要内容之一，是指企业在管理目标的指导下，在资产投资、资本融通、现金流管理和利益分配等方面的科学管理。在现代企业管理中，财务管理是一项涉及面广、综合性和制约性都很强的系统工程，它是通过价值形态对资金运动进行决策、计划和控制的综合性管理，其直接关系到整个企业的经济命脉。

案例陈述　新材料制造帝国如何走上了下坡路

1998 年，浙江星联科技有限公司正式成立（以下简称"星联科技"），是一家专门从事工程塑料和新型复合材料等高分子材料制造的大型高科技现代化企业。星联科技在北京、青岛、上海和福建成立了分公司，拥有 3 000 多名员工，获得"中国民营企业 500 强"和"2003 年度中国新材料领域最具创新力企业"等多项殊荣。

星联科技作为新材料领域的代表性企业，致力于为客户提供材料整体解决方案，客户覆盖了汽车、建筑、电工、电器、IT 和新能源等领域，形成了工程塑料和复合材料全产业链的竞争优势，已发展成为行业内最主要的工程塑料和复合材料供应商之一。

至 2008 年，星联科技历经了十年的发展，企业的总资产达到 2 亿元。然而，星联科技的发展并非一帆风顺。从 2005 年以来，由于国内新材料行业发展过快，使得市场呈现供过于求的状况，而国际原油价格的持续飞涨也使原材料价格大幅度上升，产品获利空间减小。

由于星联科技在前期的投资过多，造成企业的负债偏高，投资结构不合理。在国家的宏观紧缩财政政策调控下，贷款利率不断调高，公司的负担更重，财务风险已经凸显出来。

2007 年 4 月，美国爆发了金融危机，而星联科技也受到波及。在金融危机发生后，新材料行业的上下游供应链进入恶性循环。上游的材料制造商纷纷倒闭，导致原材料价格翻了几番，而下游的销售商却抱怨产品大量滞销。

星联科技通过购置大量的原材料进行生产，但是产品生产出来之后却无法销售出去，造成成本无法回收。在这样尴尬的情况下，爆发财务危机。

2008 年 11 月，星联科技先后关闭了福建和上海分公司，共裁员 1500 多名，成为中国实体企业受金融危机严重影响的第一案。

雷区分析　做好财务管理，防止财务危机

从表面上分析，星联科技是被金融危机打败的，但是实际上，金融危机只是导火线而已。星联科技在前期投资过快，导致财务危机出现。星联科技作为一个新材料生产商，没有自己独特的技术和专利，在实际的生产

中又不重视科技的研发，仅是为别人代加工。一旦市场经济形势下行，企业就会面临严重的财务危机，严重时甚至会倒闭。因此，在企业内部管理中，需要高度重视对财务危机的管理。

国内企业要想在激烈竞争中立于不败之地，就必须以企业财务状况为导向，对日常经营活动进行监督与约束，重视财务危机的预警研究。防止财务危机的具体方式如下所示。

- ◆ **建立财务危机预警系统**：即当出现可能危害企业财务的因素时，它能预先发出警告，提醒管理者采取对策，以避免潜在的风险，起到未雨绸缪、防患于未然的作用。

- ◆ **把握负债经营的度**：企业进行负债经营时必须考虑企业的负债规模和偿债能力，这是防止发生财务危机的关键。

- ◆ **健全财务管理体制**：在进行财务管理体制设计和构建时，认真研究市场经济环境，构建出符合实际、运行通畅且调节灵敏的财务管理体制。

制定明确的商业模式

管理学大师彼得·德鲁克曾经说过："当今企业之间的竞争，不是产品之间的竞争，而是商业模式之间的竞争。"

商业模式是站在产业视角上的一种，创新整合思维。简而言之，企业商业模式的本质就是指一个企业的盈利模式。中国的经济环境在不断变化，所以企业也面临着前所未有的机遇与挑战。在这样的市场环境下，企业更应该重视商业模式，注重商业模式的创新性，保持竞争优势地位，进而使企业长期处于不败之地。

案例陈述　服装行业巨头的"击鼓传花"

福建西兰楼服饰有限公司成立于1995年（以下简称"西兰楼服饰"），公司并没有像传统的服装厂走"设计—生产—销售"的路子，而是依靠代理国外品牌发家。1998年，受到金融危机的影响，公司的市值大跌，险些被恶意收购。因此，西兰楼服饰决定改变企业的商业模式，以弥补现在模式的缺陷。

金融危机之后，中国服装行业存在的问题充分暴露。在国内，珠三角服装产业链虽然非常发达，但是服装生产商因租不到店铺而无法将产品销售出去，大量的实体店铺由于地理位置偏僻被迫闲置。

因此，西兰楼服饰决定将服装制造和剩余的商业地产结合起来，成立第三方服务平台。西兰楼服饰帮助服装产能过剩的企业贴牌制造，即用品牌和销售平台来换取生产商的商品代销；同时，其与拥有闲置物业和招商需求的地产商协商，由物业方免费提供场地来销售商品。最后，三方按照一定比例分成，获得收益。

1999年，西兰楼服饰的第一家分店在福州市正式开业，当年的营业额就达到310万元。2000年，西兰楼服饰在福建省成立了52家分店，销售额高达1.3亿元。在短短的3年中，其在全国范围内成立了近600家分店。

这种"零货款、零租金、零库存"的商业模式成功地利用了生产商和商业地产的杠杆来撬动西兰楼服饰的高速增长。这种独特的商业模式吸引了投资者的注意，在2001年时，西兰楼服饰获得了5家风投的5 000万美元的投资。而此时西兰楼服饰的市值高达300亿美元，让同行为之侧目。

2002 年，西兰楼服饰创造的服装行业神话已经开始破灭。部分实体商店在开业之后管理混乱，问题频出，造成员工流动性大。偏僻地段的客流量很少，店铺几乎没人光顾。

在此情况下，西兰楼服饰开始造假，给员工免费的购物券，让员工家人无偿在店中挑选衣物；另外，让员工扮演顾客进店制造忙碌的假象；还有，月销售额不到 10 万元的店面夸大到月销售额 100 万元。

2002 年 10 月，风投公司分别收到了关于西兰楼服饰匿名造假的举报信，随即风投公司终止了投资。此举成了内部的"大地震"，西兰楼服饰裁员、拖欠工资和关店等消息相继传出。2002 年 11 月，西兰楼服饰宣布破产。

雷区分析　企业"击鼓传花"的下场就是被"花"砸死

西兰楼服饰是典型的"击鼓传花"商业模式，创始人、生产商和地产商都知道商业模式存在问题，但是都哄抬公司的估值，将其鼓吹成一个巨型的泡沫。一旦泡沫破灭，企业也就倒闭了。因此，企业内部管理中相当重要的一个内容就是商业模式，明确的商业模式是降低风险的重要保证。

商业模式是一个宽泛的概念，主要包括盈利模式、B2B 模式和运营模式等。商业模式是一种简化的商业逻辑，需要如下的元素表示。

- ◆ **价值主张**：企业通过其产品和服务能向消费者提供的价值。
- ◆ **消费者目标群体**：企业所瞄准的消费者群体。
- ◆ **分销渠道**：企业打开市场、接触消费者的各种途径。
- ◆ **客户关系**：企业同消费者群体之间建立的联系。
- ◆ **价值配置**：企业资源和活动的配置。

◆ **核心能力**：企业执行其商业模式所需的能力和资格。

◆ **价值链**：企业向客户提供产品和服务的价值，相互之间具有关联性、支持性的活动。

◆ **成本结构**：企业所使用的工具和方法的货币描述。

◆ **收入模型**：企业通过各种现金流来创造财富的途径。

◆ **裂变模式**：企业商业模式转变的方式和方向。

企业加强内部组织能力

企业的组织能力是指企业展开组织工作的能力，包括企业所拥有的能够反映效果和效率的能力，这些都能够在企业的"产品研发—产品营销—产品售后—产品再研发"的环节中集中体现。企业精心培养的组织能力可以形成市场竞争优势，当企业和竞争对手投入相同时，企业将会获得更高的生产效果和产品质量，并且将各种可利用资源再次转化为企业的产品或者服务。

案例陈述　众筹类网站开创者的一生，从三足鼎立到被市场遗忘

追梦者是国内最早成立的众筹类网站之一，其创始人是一名留学生——郭达华。郭达华在美国加州大学留学期间，曾经在众筹网站 Kickstarte2 发布过一个创意性的网页设计项目，成功筹集到 5 000 美元，实现了项目的落实。

2010 年，郭达华回国后，发现国内的众筹市场非常有发展空间。一方面，具有创业想法的年轻人较多，且创业项目新颖、可实行性高，但是缺乏资金的支持；另一方面，有大量的投资者苦于找不到合适的投资项目。因此，郭达华决定模仿 Kickstarter 创建一个中国式的众筹网站。

网站的模式也和 Kickstarter 类似，通过搭建一个众筹平台，同时面向筹资人和投资人。既能够帮助筹资人完成创业梦，也能够帮助投资者快速找到最佳的投资项目。

2010 年 9 月，追梦者成立。但是因为众筹模式在中国并没有普及，很少有创业者和投资者会信任这类平台，因此，网站在前期的运营惨淡。

但是由于市场中众筹类网站的兴起，追梦网最终凭借其独到的运营模式发展成行业的翘楚，和另外两家垂直类众筹网站三分天下，形成了"三足鼎立"之势。

2010 年 12 月，多家风投公司均向追梦者抛出了橄榄枝，此次共融资 100 万美元，引发了中国众筹的投资热潮。追梦者高调宣布："追梦者在 3 年内上市。"在短短的一年内，追梦者先后在国内的一线城市成立了 6 家分公司，拥有员工 600 多名。

由于追梦者定位于综合性的众筹网站，支持来自于设计、旅行、影视、摄影、科技、音乐、艺术、人文、出版、饮食、漫画、游戏或其他领域的创意项目。因此，拉长了追梦者的"战线"，企业必须在各个领域都投入大量的资金，但是企业的组织能力较薄弱，风投资金很快被耗尽。

2011 年，追梦者为了增加网站的营收，放宽对融资者的审核和限制，一时间，网站中出现了骗取钱财的虚假项目，导致许多投资者都上当受骗。

在被媒体大量曝光后，追梦者的口碑越来越差，消费者甚至将"追梦者"和"骗子扎堆网站"画上等号。企业的发展已经脱离了正轨，濒临破产，追梦者只能眼睁睁地看着企业一天天走下坡路却无力扭转。

与此同时，其他两家垂直类众筹网站发展起来，很快超越了追梦者，逐渐取代了追梦者的地位。而追梦者则无人问津，慢慢被市场忘记。

雷区分析　企业组织能力也是内部管理的重要内容之一

追梦者是国内首批成立的众筹网站，发展迅速，和其他两家垂直类网站三分天下，并且获得了风投的青睐。由于追梦者是综合类众筹网站，资金被投入到各个领域，导致战线拉得过长，资金消耗过快。为增加营收，追梦者放宽了对融资者的审核，导致网站骗子扎堆，最终被其他同行超越。因此，企业管理过程中也需要注重组织能力的培养。

构建企业的组织能力

企业在构建自身的组织能力时需要注意以下 3 个方面。

◆ **员工的心态**：主要是指员工做事过程中的心态，主要包括员工的积极性、如何调整员工的态度及如何培养企业的文化等。

◆ **员工的能力**：在调整了态度的基础上，还需要培养员工的能力，避免出现心有余而力不足的情况，全方位提升企业的整体实力。

◆ **员工的管理**：员工的态度积极向上，且具备工作能力，还需要为员工创造人性化的管理氛围，其中企业的管理制度、薪酬制度和晋升制度都是重点内容，能够正向激励员工的工作热情。

人力资源管理留住人才

在当前新经济条件下，企业人力资源管理已经成为企业内部管理的核心内容。人力资源管理是指根据企业发展战略的要求，有计划地对人力资源进行合理配置，通过对企业中员工的招聘、培训、使用、考核、激励和调整等一系列工作的执行，调动员工的积极性，发挥员工的潜能，实现企业发展目标，进而为企业带来更大的经济效益。

人力资源的规划

人力资源规划是指结合实施企业的发展战略，根据市场经济形势，通过对企业未来的人力资源的需要和供给的分析及估计，运用科学的方法进行组织设计，对人力资源的获取、配置、使用和保护等各个环节进行职能性策划，制订企业人力资源供需平衡计划，以确保获得各种必需的人力资源，保证事得其人、人尽其才，实现人力资源与其他资源的合理配置，形成正向的激励制度。

案例陈述　大型口服液集团神秘"消失"

广东巨成集团成立于1990年，是以口服液、营养品研发、现代中药研究和医药销售为主的公司。巨成集团聚集了大批科技专家、管理专家和市场营销专家，为企业的进一步发展壮大打下了坚实的基础。

1991年，巨成集团研制开发了"安舒心口服液"，当年就创造了800万元的总销售额，净盈利达500多万元，一跃成为国内口服液行业的领头羊。

但是巨成集团并不满足眼前的成绩，将目光锁定到国际市场。1993年2月，巨成集团和日本一家医药公司达成合作，签订了高达5 000万元的出口订单。

从1990年至1993年，巨成集团完成了3.1亿元的销售额，净盈利达到1亿元，成为口服液行业争相模仿的榜样。

外界的报道，将巨成集团的成功渲染得天花乱坠。而巨成集团对外公布了一组有关企业广告费用的数据，显示从1990年开始，巨成集团在电视、报纸和杂志等渠道进行轰炸式的广告投放。1990年，巨成集团投入160万元广告费，1991年，广告费增至900多万元；而1993年和1994年，广告费都超过1亿元。而当巨成集团发展至巅峰时期时，危机降临。

由于巨成集团将大量心思都放在企业营销上，导致公司内部管理出现了大问题。从1991年开始，巨成集团对人力资源规划就不再重视，送礼、托关系等"走后门"的行为很常见，企业内部甚至出现了联姻、认亲戚和子承父位等严重影响企业发展的行为。

　　　　巨成集团作为国内口服液行业的领头羊，企业内部的人力资源管理竟然如此腐朽，导致企业员工素质普遍偏低，人才结构不合理。

　　　　从 1992 年开始，企业在无人力资源规划的前提下，直接从内部提拔了大量的医药研发方向的专业人才，安插在各个部门的管理层岗位，这就使企业的晋升机制被打破。

　　　　由此，导致集团内部出现了严重的问题，被迫进入阶段。而实际上，巨成集团光鲜亮丽的光环下已经负债累累，最终在 1994 年悄然解体。

雷区分析　缺乏人力资源规划的企业走不远

　　巨成集团逐步发展成为口服液行业的巨头，只是一味注重营销战略，通过狠砸广告费来推广产品。而忽视了企业人力资源的管理规划，导致企业内部出现联姻和认亲戚等行为。另外，人力资源规划缺乏科学的任用机制，尤其是内定管理层，打破了公平的晋升机制，最终被迫以"休整"行为来暗示破产。因此，企业需要重视人力资源的规划。

　　在企业的人力资源规划过程中，可按照以下的方法来执行。

◆ **制定与企业相适应的人力资源规划**：根据企业的发展战略，在现有的人力资源基础上有步骤、有计划地开展人力资源管理活动，为企业发展储备优秀的人才。

◆ **制定科学的人才结构**：为保证企业生产经营活动正常进行，在一定的生产技术组织条件下，对于岗位的配备人员进行限额，确保人才结构的合理性和科学性。

◆ **树立正确的用人观**：企业决策群体应树立正确的用人观念，制定科学的人才选拔标准，形成"能者上，平者让，庸者下"的招聘理念，为企业选拔更多的优秀人才。

控制人才的流失

随着经济发展的全球化，市场竞争日益激烈。在这场不见硝烟的战场中，人才的竞争又是重中之重。首先，对于一小部分拥有卓越管理经验、掌握市场资源或是技术资源的优秀人才，因其在整个劳动力市场上的高度稀缺性，所以永远是各个企业争夺的对象；其次，近年来企业人才流失的最大特点莫过于核心员工的"集体跳槽"，员工的集体跳槽对于企业的影响是巨大的，甚至会直接影响到企业的正常运营。因此，控制人才的流失是人力资源管理过程中的核心内容之一。

案例陈述　客服集体离职导致公司瘫痪

广州爱依坊服饰有限公司是一家服装销售商（以下简称"爱依坊服饰"），成立于 2003 年。爱依坊服饰的业务单一，主要从广州沙河、白马和十三行等大型服装批发市场采购服装，然后在淘宝网店销售，赚取中间差价。

由于爱依坊服饰属于种子期的公司，没有制定严苛的人力资源管理制度。客服在比较宽松的工作氛围下，工作的积极性较高。网店成立的第二个月，就升为钻级卖家；2003 年度完成 500 万元的销售额。

2004 年，爱依坊服饰对外招聘了在线客服。由于客服人员的增多，引起内部纠纷。原因是客服为了提升自己的业绩而出现了抢单的情况。爱依坊服饰对于这种行为只是进行了规劝，希望客服团队以大局为重。但是，类似的事件再次发生，并严重影响了网店的运营。

爱依坊服饰的客服岗位招聘要求非常简单，打字速度在90 字 / 分钟以上，初中以上文凭，具有吃苦耐劳的精神等。因此，客服团队的整体能力参差不齐。

由于老员工自认为位高权重，对于工作"拈轻怕重"，把售后客服的工作丢给新员工。而售后工作看似简单，实则牵涉的问题非常多，需要经过专业售后培训或者具有一定售后服务经验的人员才能胜任。

老员工只负责售前，并且按绩效发工资，而新员工的售后工作难度大，且薪酬制度不完善。因此，两个工种的薪资差距非常大，为以后的纠纷埋下了隐患。

新员工在工作一段时间后，集体抗议这种不公平的工作制度，并且要求加入到售前团队。爱依坊服饰无奈，同意新员工加入到售前团队中。由于新员工的加入，老员工的客源被分流，就引发了老员工的强烈不满。公司内部的同一个团队竟然发展成为两股敌对势力。

为了从根本上解决这一问题，爱依坊服饰实行了严格的KPI 绩效考核，全方位对客服人员的首次响应时间、成交转化率、客单价、回头客和中差评维护等多维度进行考核，并且每个客服负责售前、售中和售后的相关工作。如果客服人员违反了规定，就扣除当月的绩效奖金；如果客服人员连续多次出现恶劣的竞争行为，将被辞退。

制度推出后，员工由于不适应新的制度，屡屡触犯规定。但是爱依坊服饰丝毫没有心软，严格按照规定执行惩罚。

全公司从以前的宽松工作氛围变为严肃压抑的氛围，每个员工像机器人一样机械地工作。爱依坊服饰认为这种绩效考核制度效果良好，殊不知，危机正在悄悄靠近。

2005 年 3 月 2 日，由于一个老员工没有及时处理中评，作为典型的惩罚案例被反复训斥。因为受不了这种不尊重员工的行为，该客服不久就辞职了。而这一举动就像在平静的湖面扔了一颗巨石。

2005 年 3 月 19 日，爱依坊服饰的客服集体辞职。网店面对大量的咨询、订单发货和物流查询等问题，一时间无人响应，网店处于瘫痪状态。随后，网店收到了大量退款、退货、差评和投诉，曾经的皇冠店铺面临着最严峻的考验，爱依坊服饰不得不先暂停网店业务。

雷区分析　集体离职对于企业的打击非同小可

爱依坊服饰的商业模式非常简单，借助于淘宝网迅速取得成功。但是，由此公司招聘的客服能力参差不齐，为新老员工的矛盾埋下了伏笔。而爱依坊服饰为了彻底解决这一问题采取了严苛的 KPI 绩效考核制度，没有考虑到员工的适应度，改变了工作氛围，最终导致客服团队集体辞职。所以，企业在进行人力资源管理时务必要控制人员的流失。

人员流失对公司的负面影响非常大，离职员工"示范"，会使在职员工心态不稳，士气低落，工作效率下降。所以，企业要规避或减少人员流失。其具体方法如下。

- ◆ 坚持"以人为本"理念："以人为本"是现代企业管理的核心理念，对企业而言，最重要的就是要吸引和留住人才。
- ◆ 建立合理的薪酬制度：企业通过建立体现人才劳动价值的薪酬制度，保证各类人才得到与他们的劳动和贡献相适应的报酬。
- ◆ 提供实现价值的岗位：企业应该提供各种工作岗位和实际锻炼的

机会，不断激发员工的工作热情，以充满希望和挑战的事业发展
来留住人才。

◆ **营造良好学习氛围**：企业要营造良好的文化和学习环境，为优秀
人才提供"充电"的机会，例如，参加国外培训、科研机构学习
和学历进修等。

重视外部人力资源的管理

任何一个企业发展过程中都需要大力引进优秀的外部人才，尤其是部
门企业引进高管，以此凸显对优秀人才的重视。但是企业往往忽略了对外
部人才的管理。

"空降兵"之所以能够直接空降，说明他在某些方面具备空降的能力，
例如，团队领导力、团队组织能力、协调能力和项目经验等。但是企业管
理者如何确保"空降兵"在新的工作环境中实现"软着陆"才是人力资源
管理的重中之重。

案例陈述 "空降兵"为何不能实现"软着陆"

2001 年，广西惠科生物科技有限公司正式成立（以下简
称"惠科生物科技"），是一家专注于生物农药研发、生产
和销售的民营企业。

惠科生物科技较早瞄准了生物农药的商机，企业内部自
主研发了新技术，并且申请了专利保护。惠科生物科技借助
政府"惠农助农"政策的扶持，在国内建立了大型的生物农
药研发基地。

惠科生物科技研发的农药借助于政府的大宗采购和政策
扶持，一直保持了良好的销量。因此，企业并未研发和改良

出其他的新产品，完全依赖于已有的专利产品。

2011 年，惠科生物科技面临着一个严峻的问题——专利即将到期，但是企业却没有任何的新产品和项目。在竞争异常激烈的市场中，这种情况对于企业的运营非常不利，严重的甚至会造成企业倒闭。

因此，惠科生物科技只有两条路可选，一条是引入外部的优秀人才，加强新技术的研发，力争早日突破瓶颈；另一条就是坐以待毙。毫不犹豫，惠科生物科技选择了第一条路。

由于惠科生物科技的重要管理岗位基本上都是企业创始人的家族成员，并且势力已经根深蒂固。当家族派的利益被触碰，就此引发了内部的"血战"，家族派自发地形成了统一的战线，已经准备好长期作战的计划。

但是为了企业的发展，惠科生物科技不得不大义灭亲，大刀阔斧地进行管理层的改革。首先，从市场部、研发部和人事部 3 个关键性部门"开刀"，通过高层会议，直接将 3 个部门的主管降职，消减其在企业的领导性地位；其次，对 3 个部门的家族成员"下手"，直接裁掉或调离原工作岗位。因此，在短短的 3 个月内，管理层的家族成员基本上被"清洗"干净了。

同时，企业大量招聘外部的优秀人才，替代家族成员的管理岗位。惠科生物科技主要是希望借助于外部人才的管理经验、团队领导能力及组织协调能力来帮助企业渡过难关。但是，事情的发展超出了预料，惠科生物科技安排的"空降兵"却出现了"不良反应"。

首先，高薪聘请的外部人才在企业的"存活"时间非常短，任职时间长的不超过两年，短的甚至是一个月后就离职走人。对于企业而言，"空降兵"的任职期越短，就意味着企业的招聘成本过高。

其次，因为"空降兵"不能适应企业环境，对待企业老员工分外苛刻，致使上下级关系紧张，导致团队合作配合度很低，工作效率直线下降。

最糟糕的是，每次人事变动都会造成企业管理层的"地震"。因为外部人才在离职之后往往会带走一批企业的老员工，甚至会引发老员工的离职。自从开始招聘外部人才之后，惠科生物科技从高层至基层，就一直处于波动状态，甚至部分重要管理岗位的任职期都不超过半年。

惠科生物科技企业内部的一次次人事变动，造成了企业人才结构的大耗损，使得原来良好人力资源管理体系被冲击得四分五裂，企业面临着巨大的人才危机。

雷区分析　"空降兵"是否真的适合管理层岗位

惠科生物科技瞄准了生物农药的商机，并且借助于政策的扶持，成立了大型的生物农药研究基地。此外，政府大宗采购单确保了企业的盈利情况良好。但是惠科生物科技仅仅依赖于已有的专利技术而忽略了研发新产品的计划，随着专利到期，企业又没有研发出新的产品，因此，企业面临着巨大的产品经营危机。

在这样的情况下，惠科生物科技为了突破发展瓶颈，开始引进外部人才。面对家族成员的阻挠，惠科生物科技对企业管理层及其家族成员进行"清洗"，而外部人才直接"空降"，但"空降兵"不能顺利软着陆，最终引发企业人力资源管理体系被冲击的后果。因此，企业一定要制定科学的外部人力资源管理体系。其中，可行的办法之一就是管理好"空降兵"。

具体措施如下。

- **提供充分信任**：所谓"疑人不用，用人不疑"。企业用人之前要充分考察，不要让不合适的人随便占据一个重要岗位。而一旦做出决策，就必须充分信任，这是后续管理工作的基础。

- **确立合理期望**：对于具有深厚背景、花费不菲的高级人才，企业给予了非常大的希望，一旦出现任何小差池，就会严重影响企业对于人才的评价。因此，企业确定合理的期望值是基础条件之一。

- **给予适当宽松的考核期**：对于引进的人才，给予双方一个合理的考核期是基础前提之一，不能急于求成。

- **给予支持**：在任职初期给予其协调性的工作支持是非常必要的，应在"空降兵"和其他管理者之间建立起必要的沟通渠道。

- **主动清除障碍**：企业引进外部人才过程中存在障碍，作为管理者应当主动清除障碍，绝不能忽视这些隐患。

- **支持其适度变革**：对于"空降兵"所发起的变革，只要是在可控范围之内，都应当抱开放的态度，应当得到允许和支持，绝不能轻易扼杀。

读 者 意 见 反 馈 表

亲爱的读者：

感谢您对中国铁道出版社的支持，您的建议是我们不断改进工作的信息来源，您的需求是我们不断开拓创新的基础。为了更好地服务读者，出版更多的精品图书，希望您能在百忙之中抽出时间填写这份意见反馈表发给我们。随书纸制表格请在填好后剪下寄到：北京市西城区右安门西街8号中国铁道出版社综合编辑部 张亚慧 收（邮编：100054）。或者采用传真（010-63549458）方式发送。此外，读者也可以直接通过电子邮件把意见反馈给我们，E-mail地址是：lampard@vip.163.com。我们将选出意见中肯的热心读者，赠送本社的其他图书作为奖励。同时，我们将充分考虑您的意见和建议，并尽可能地给您满意的答复。谢谢！

- -

所购书名：_____

个人资料：

姓名：_____ 性别：_____ 年龄：_____ 文化程度：_____

职业：_____ 电话：_____ E-mail：_____

通信地址：_____ 邮编：_____

- -

您是如何得知本书的：

□书店宣传 □网络宣传 □展会促销 □出版社图书目录 □老师指定 □杂志、报纸等的介绍 □别人推荐
□其他（请指明）_____

您从何处得到本书的：

□书店 □邮购 □商场、超市等卖场 □图书销售的网站 □培训学校 □其他

影响您购买本书的因素（可多选）：

□内容实用 □价格合理 □装帧设计精美 □优惠促销 □书评广告 □出版社知名度
□作者名气 □工作、生活和学习的需要 □其他

您对本书封面设计的满意程度：

□很满意 □比较满意 □一般 □不满意 □改进建议

您对本书的总体满意程度：

从文字的角度 □很满意 □比较满意 □一般 □不满意
从技术的角度 □很满意 □比较满意 □一般 □不满意

您希望书中图的比例是多少：

□少量的图片辅以大量的文字 □图文比例相当 □大量的图片辅以少量的文字

您希望本书的定价是多少：

本书最令您满意的是：

1,
2.

您在使用本书时遇到哪些困难：

1.
2.

您希望本书在哪些方面进行改进：

1.
2.

您需要购买哪些方面的图书？对我社现有图书有什么好的建议？

您更喜欢阅读哪些类型和层次的经管类书籍（可多选）？

□入门类 □精通类 □综合类 □问答类 □图解类 □查询手册类

您在学习计算机的过程中有什么困难？

您的其他要求：